Linde Knoch

PRAXISBUCH
Märchen

Verstehen - Deuten - Umsetzen

Gütersloher Verlagshaus

Die Deutsche Bibliothek – CIP-Einheitsaufnahme

Knoch, Linde:
Praxisbuch Märchen: Verstehen – Deuten – Umsetzen / Linde Knoch. –
Gütersloh: Gütersloher Verl.-Haus, 2001
ISBN 3-579-02309-8

ISBN 3-579-02309-8
© Gütersloher Verlagshaus, Gütersloh 2001

Umschlaggestaltung: INIT, Bielefeld
Satz: Weserdruckerei Rolf Oesselmann GmbH, Stolzenau
Druck und Bindung: Těšínská Tiskárna AG, Český Těšín
Gedruckt auf chlorfrei gebleichtem Werkdruckpapier

Printed in Czech Republic

Besuchen Sie uns im Internet: http://www.gtvh.de

Inhalt

Symbolsprache verstehen heißt Märchen verstehen
Zur Einführung

»Erzähl mir kein Märchen!« oder »Märchenhaft!«
Was ist ein Märchen?

Welches Märchen für welches Alter?
Grundlegende Kriterien

Sicherheit und Zuversicht für das Leben geben
Märchen im Kindergarten 42

Eigene Wege gehen
Märchen in der Grundschule 55

Sich erproben
Märchen für Jugendliche 74

Selbsterkenntnis und Verstehen
Märchen für Erwachsene 85

Sich an der Schöpfung beteiligen

Symbolsprache verstehen heißt Märchen verstehen

Zur Einführung

Als Märchenerzählerin berichte ich vor allem von meinen Erfahrungen, die ich mit Hörgemeinschaften beim Märchenerzählen gemacht habe. Erzählend und im Austausch mit den Zuhörern hat sich mir etwas vom Wesen des Märchens erschlossen, von seiner vielfältigen Wirkungsweise, von seiner Kraft und seiner Bedingungslosigkeit. Die Themen rund um das Märchen sind ohne wissenschaftlichen Anspruch für Menschen geschrieben, die sich um ihrer selbst willen für das Märchen interessieren, mit ihm arbeiten oder es weitergeben wollen. Sie können als Ratgeber für den Umgang mit Märchen gelten; da aber die Märchen selbst die besten und klügsten Ratgeber sind, wurden in jedes Kapitel exemplarische Märchenbeispiele eingefügt. Sie ergänzen das, was über das Wesen des Märchens und seine Wirkung auf Menschen verschiedener Altersstufen hinaus gesagt wird.

Die uns weitgehend fremd gewordene Symbolsprache scheint mir ein wichtiger Schlüssel zum Verständnis der Märchen zu sein. Was sind Symbole? Was heute in Fahrplänen, im Straßenverkehr oder in der EDV-Sprache als *Symbole* bezeichnet wird, sind eigentlich *Zeichen, Abkürzungen* für etwas genau Bestimmtes, das eindeutig ist. Es entspricht verkürzt der Sache, auf die es hinweist. Ein Symbol dagegen ist vielschichtig und bedeutet daher mehr, als es vordergründig darstellt. Das Symbol weist über sich hinaus auf höhere geistige Zusammenhänge.

Kinder phantasieren von nicht existenten Erscheinungen und glauben fest daran. Was geht in den Kindern vor? Carl Gustav Jung (1875-1961; Psychologe und Philosoph; ursprünglich Schüler Freuds; begründete eine eigene »Analytische Psychologie« und Philosophie des Unbewußten) sagt aus seiner großen Kenntnis der Menschenseele heraus, dass jeder Mensch bis zu einem gewissen Alter im magischen Zeitalter lebt, sich vor übermächtigen Wesen fürchtet und andererseits selbst fähig ist, Wesen aus Steinen und Stöcken in seiner Phantasie zum Leben zu erwecken. Für Kinder ist die Wirklichkeit bevölkert mit Wesen, die ein

Erwachsener höchstens im Spiel anerkennt, aber sonst als unwirklich durchschaut. Die Gestalten von Feen, Zwergen, Riesen, Ungeheuern werden vom Erwachsenen als Personifikationen von Kräften und Mächten erkannt, denen jeder Mensch, ob klein oder groß, ausgeliefert ist. Die geschauten Wesen stehen für etwas Unsichtbares, sie symbolisieren etwas, das nicht eindeutig, sondern vieldeutig ist; es wird von jedem Menschen in besonderer Weise erlebt.

Der Erwachsene wird nicht leugnen, dass er in seinem Leben bisweilen Furcht und Angst empfindet. Das Gefühl kann so stark sein, dass der Mensch meint, völlig im Dunkeln zu tappen oder sich wie eingesperrt oder verschlungen fühlt. Kinder sind ihren Gefühlen in stärkerem Maße ausgeliefert als Erwachsene, weil sie sie noch nicht durch den Verstand zu lenken gelernt haben. In gleichnishaften, symbolischen und bildhaften Geschichten sind Wesen ins Bild gesetzt, die symbolisch für etwas Bestimmtes stehen, zum Beispiel die Figur des Wolfes als verschlingendes Tier in *Der Wolf und die sieben Geißlein.*

Wie das Bild »Wolf« gewissermaßen »funktioniert«, bestätigen mir immer wieder junge Eltern. Kinder sagen zum Beispiel »Ich geh nicht in den Keller, da ist der Wolf.« Wie viele Kinder glauben bisweilen, dass ein »Ungeheuer« unter ihrem Bett liege, wenn sie sich abends vor dem Einschlafen in der Dunkelheit fürchten. Es nützt nichts, ihnen das »Ungeheuer«, den »Wolf«, ausreden zu wollen. Eine Mutter versuchte ihr Kind jeden Abend zu beruhigen: »Heute Abend kommt der Wolf bestimmt nicht!« Aber wie kann ich meinem Kind etwas versprechen, das nicht in meiner Macht liegt? Die junge Mutter ließ sich schließlich überzeugen, dass es gut sei, der Angst vor dem Wolf mit dem Erzählen vom Wolf zu begegnen. Jeden Abend las sie *Der Wolf und die sieben Geißlein* vor, und das Kind hörte begierig zu. Eines Tages sagte es: »Mama, wenn der Wolf kommt, versteck ich mich jetzt immer unter dem Tuch, und hinterher ist er tot.« Mit dem »Tuch« war ein Halstuch der Mutter gemeint, sozusagen der Uhrenkasten des jüngsten Geißleins.

Manche kleinen Kinder erzählen gar nicht, was sie ängstigt, bis sie herangewachsen sind und für das konkrete Bild »Wolf« den abstrakten Begriff »Angst« verbal einsetzen können. »Ich hab immer Angst gehabt, wenn ich durch den engen Gang in den Garten wollte. Es war, als wenn mich der Wolf verschlingen wollte.« So beschrieb eine Zwölfjährige ihre

Gefühle. Jedes Kind scheint, ohne Erklärung und ohne je einen realen Wolf gesehen und erlebt zu haben, in sich eine Ahnung zu tragen von dem »Wolf«, dem Dunklen, dem Unbekannten, das den Menschen bisweilen zu »verschlingen« droht. Diese Urerfahrungen sind nach dem Psychologen und Philosophen Carl Gustav Jung in uns angelegt, und ohne sie wird kein Mensch zum Menschen.

Für Rettung aus einem Zustand der Erstarrung steht vielleicht das Bild einer Erlösung aus dem Stein – wir gebrauchen den Ausdruck »ich fühle mich wie versteinert«. Das Gefühl des Sich-selbst-fremd-seins kann als eine Verwandlung in eine Tiergestalt erzählt werden. Für Hilfe, die einem suchenden Menschen unverhofft begegnet, stehen alte Männer und weise Frauen am Weg, oft unscheinbar und klein von Gestalt. Ebenso kann ein Ding zum Symbol werden, zum Beispiel ein Turm wie in *Rapunzel* oder *Jungfrau Maleen*: Junge Mädchen werden in einen Turm gesperrt. Es ist die Zeit des Reifens, der Pubertät, in der einerseits die Erziehenden die Jugendlichen durch Vorsichtsmaßregeln, Verbote und Forderungen »einsperren«. Andererseits verschließen sich die jungen Menschen selbst vor den Erwachsenen wie in einem sie schützenden Turm, so dass die Eltern nicht an sie herankommen.

Die einfachsten Dinge werden zum aussagekräftigen Symbol. Wir ahnen die Bedeutungen, wenn wir unsere Sprache aufmerksam wahrnehmen. Zum Beispiel das Wort *Schlüssel:* Wir können die Symbole »entschlüsseln«, den »Schlüssel zu einem Problem finden«, uns etwas Neues »erschließen«. Im Märchen gibt es häufig Schlüssel zu verbotenen Zimmern, oder ein Schlüssel wird gefunden, der auf einen Schatz hinweist.

Wie ist es mit Dingen, die in unserer äußeren Erfahrungswelt kaum noch eine Rolle spielen? Was hat eine Krone in den Geschichten unserer Zeit zu suchen, da wir nicht mehr von einem König regiert werden? Wir haben eine Ahnung von der Bedeutung der Worte »du sollst die Krone des Lebens haben«. Im Karneval lieben es die kleinen Mädchen, sich mit einer Krone in eine Prinzessin zu verwandeln. In manchen Kindergärten ist es Sitte, die Geburtstagskinder an ihrem Ehrentag zu krönen. Auch wird man zum Bohnenkönig, wenn man die im Pudding versteckte Bohne auf seinem Teller findet. Diese Bräuche haben etwas mit dem Symbol *Krone* zu tun, das vom Herausheben des Gekrönten aus der Menge spricht. In den Märchen erhalten die Helden nach überstandenen Gefahren und bestandenen Aufgaben die Krone des Reichs, das heißt, sie haben sich als königliche Menschen bewährt, haben gezeigt, dass sie sich selbst beherrschen können und nun auch fähig geworden sind, andere zu leiten.

Die Symbolsprache der Märchen wird von Kindern bis zum Alter von sechs oder acht Jahren mühelos verstanden und bedarf keiner Erklärung. Sie leben in einer Welt der inneren Bilder. Die abstrakte Gedankenwelt der Begriffe ist noch ungeschult. Es nutzt meist wenig, Kindern rationale Erklärungen zu geben für Zusammenhänge, die sie innerseelisch erleben. Wenn ältere Geschwister jüngeren den Glauben an Weihnachtsmann oder Osterhase aufklärend nehmen, dann hören die Kleinen andächtig und ehrfürchtig zu, nicken ernsthaft und fühlen sich in die Gemeinschaft der Großen aufgenommen. Wenig später ruft die Nachbarin dem Kind über den Zaun zu: »Morgen kommt der Osterhase in unseren Garten und versteckt für dich ein Nest, komm es suchen!« Prompt läuft das Kind zu den älteren Geschwistern und sagt: »Ätsch, es gibt den Osterhasen doch!« Und das Kind hat Recht: Es gibt den Osterhasen als ein Bild für die Verkündigung des neuwerdenden Lebens!

Die Erwachsenen bewahren mehr oder weniger etwas von ihrem inneren Kind in sich. Sie fragen und suchen gern nach Bedeutungen und Deutungen von Symbolen, die nicht ohne weiteres verstanden werden. Und doch sprechen wir alle in der symbolischen Sprache, wenn wir eine bestimmte Stimmung wiedergeben möchten und vergebens nach Worten suchen, um sie zu beschreiben. Wir sprechen dann in Bildern, die das scheinbar Unsagbare besser treffen als nackte Fakten. Alfons Rosenberg (1902-1985; Schriftsteller und Symbolforscher in Zürich) formuliert, das Symbol könne das Geistige durch das Sinnliche, das Ewige durch das Zeitliche zum Ausdruck bringen. Märchen sind Geschichten, die eben dies leisten, und deshalb überleben sie wohl auch seit Jahrhunderten alle Moden, Angriffe und Zweifel. Sie erweisen sich als gültige Modelle eines sinnvollen und Sinn stiftenden Lebens, wenn wir imstande sind, ihre Bedeutung bildhaft aufzunehmen und zu verstehen. In dem folgenden kleinen Schwank *Die alten Spiegel* ist es wohl nicht schwer, den Spiegel als ein Symbol der Erkenntnis wahrzunehmen: *Ein altes Weiblein ging einmal auf den Markt, da gab es viele*

Spiegel zu kaufen. Das alte Weiblein besieht sich in den Spiegeln, in dem einen, in dem anderen – und als sie nun gewahr wird, wie verschrumpelt und gealtert sie aussieht, spricht sie: »So wahr ich lebe, ist solches eine Schande! Heutzutage werden unnütze und hässliche Spiegel gemacht. Vor dem, als ich noch jung war, da wurden weit schönere Spiegel gemacht!«

Zu den Texten der Märchen ist zu sagen: Die Märchen wurden weitgehend textgetreu übernommen, Abweichungen vom Originaltext liegen begründet in der praktischen Erfahrung der Erzählerin durch wiederholtes Erzählen: Es ereignen sich dabei Veränderungen im Sprachbild – ein natürlicher Vorgang.

Der Tempuswechsel innerhalb eines Märchens ist beabsichtigt. Beim Lesen mag es befremdlich erscheinen; beim Erzählen ereignet es sich oft von selbst, macht das Geschehen lebendig und bringt es für die Zuhörer in die Gegenwart.

Westerland, im November 2000   *Linde Knoch*

»Erzähl mir kein Märchen!« oder »Märchenhaft!«

Was ist ein Märchen ?

Warum fragen wir eigentlich danach, was ein Märchen ist? Als Kinder haben wir Märchen gehört und einfach hingenommen, was da erzählt wurde. Wir haben uns keine Gedanken über Form, Inhalt und Bedeutung gemacht. So ist es mir noch weitgehend ergangen, als ich meinen Kindern Märchen vorgelesen habe. Aber eines Tages begegnete ich dem lebendig erzählten Märchen. Ich erlebte eine Faszination, die ich nicht erklären konnte. Was löste meine Begeisterung aus? Ich fing an zu fragen und Antworten zu suchen. Ich las Bücher, in denen Herkunft, Alter und Form beschrieben werden, aber das befriedigte mich nicht. Die literarischen Merkmale eines Märchens sagten mir nichts über sein Wesen. Ich interessierte mich für psychologische Deutungen, aber das befriedigte mich auch nicht. Diese Deutungen stimmten immer nur ganz allgemein oder gerade nur für einen einzelnen Menschen oder Fall. Mein eigener Weg zum Märchen war vielmehr von dem Erzählen lernen bestimmt. Hier erschloss sich mir etwas von dem Wesen des Märchens. So sind meine Antworten, die ich fand, vor allem durch eigene Erfahrungen aufgetaucht. *Aufgetaucht* ist hier gerade das rechte Wort, denn was ich entdeckte, das lag in mir und kam nicht von außen. Ich kann hier also nur davon sprechen, was das Märchen für mich ist.

Unterhaltung

Zunächst war es einfach schön, einem begabten und geübten Menschen beim Erzählen zu lauschen. In schlichter Weise wird ein Märchen so erzählt, dass das gesprochene Wort etwas in die Gegenwart bringt, das sich während der Erzählzeit ereignet. Es ist anregend oder beruhigend, je nach der Art des Märchens oder der seelischen Verfassung des Zuhörenden. Ich bekomme gerade das, was mir Not tut: entweder Anstöße und Anregungen oder Beruhigung und Entspannung. Dass

Märchen in diesem guten Sinn Unterhaltung sind, erklärt sich aus der ursprünglichen Bedeutung des Wortes Unter-haltung. Wir verstehen Unterhaltung heute für gewöhnlich als ablenkendes, entspannendes Vergnügen, das uns Erholung verschafft – eine Annehmlichkeit, die das Märchen durchaus leistet. Darüber hinaus tragen sie auch zum Unterhalt im ursprünglichen Wortsinn bei. Sie helfen mir, mich seelisch-geistig zu erhalten. In der Redewendung »sich seinen Unterhalt verdienen« schwingt noch mit, was »unterhalten« im Grunde bedeutet: Es trägt zu meinem Leben bei, es *hält* mich am Leben. Gut nachvollziehen lässt es sich, wenn wir die Bedeutung von *halten* im etymologischen Wörterbuch suchen: *Vieh hüten, weiden* ist die ursprüngliche Bedeutung.

Seelennahrung

Ich weiß noch heute nach vielen Jahren, welche Märchen mich damals, als ich als erwachsene Frau zum ersten Mal Märchen lebendig erzählt hörte, so berührten und in welchen Aufruhr der Gefühle sie mich warfen. Sie gaben mir Rätsel auf, die mich lange beschäftigten, sie nährten mich mit etwas, das man Seelennahrung nennen kann. Sie trugen zur Klärung und zum Selbstverständnis bei. Sie deuteten auf mein Menschsein und erklärten mich mir. Märchen sprechen zum Menschen. Aber wie kommt es denn, fragte ich mich, dass die Redewendungen »erzähl mir kein Märchen« und »das ist nur ein Märchen« so geläufig sind? Da werden die Märchen als Lügengeschichten hingestellt und abgewertet. Man wirft ihnen vor, dass sie nichts mit der Wirklichkeit zu tun haben, dass sie Hirngespinste sind, die Kinder untauglich zur Bewältigung der Realität machen. Andererseits entschlüpft uns ein bewunderndes »märchenhaft!«, wenn wir etwas besonders Schönem oder Großartigem gegenüberstehen. Das zeigt, dass wir der als »märchenhaft« bezeichneten Erscheinung Anerkennung und Bewunderung entgegen bringen. Zwischen diese zwei Pole ist das Märchen gespannt: abwertende Missachtung und positiv bewertende Hochachtung. Wie lässt sich das erklären?

Botschaft

Zur Weihnachtszeit singen wir voller Zustimmung »Vom Himmel hoch, da komm ich her, ich bring euch gute neue Mär ...«. Das verstehen wir als gute Nachricht oder frohe Botschaft. Darüber wollte ich mir Klarheit verschaffen. Im etymologischen Wörterbuch steht zu dem Begriff *Märchen*, dass *maere* aus dem Mittelhochdeutschen kommend *Kunde* oder *Botschaft* bedeute. Also ist das Mär-chen eine kleine Botschaft. Im Nibelungenlied finden wir geschrieben »uns ist in alten maeren wundersvil geseit ...«. Welch ein Trost: Das Märchen will uns genauso Zuversicht zusprechen, wie der Engel den Hirten auf dem Feld von Bethlehem.

Warum aber dann dieser hartnäckige Vorwurf »erzähl mir kein Märchen!«, wenn ein Mensch dem anderen etwas Unglaubwürdiges erzählt? Mit einem Gedicht von Erich Fried (1921-1988; österreichischer Schriftsteller) klärte sich für mich dieser Zwiespalt. In vier Zeilen seines Gedichtes »Realitätsprinzip« heißt es:

> *Was wäre das für eine Welt,*
> *wenn die Wirklichkeit,*
> *diese Wirklichkeit um uns,*
> *auch die Wahrheit wäre?*

Wahrheit

Das Märchen beschreibt nicht die äußere Wirklichkeit unserer Welt und unseres Lebens, sondern es erzählt von der inneren Wahrheit des Menschen. Die äußere Wirklichkeit ist oft unzulänglich und grausam. Unsere Vorhaben nehmen nicht immer ein gutes Ende. Das Märchen dagegen erzählt vom gelingenden Leben, am Ende wird alles gut. Und ist es nicht so, dass wir die unzureichende Wirklichkeit ständig nach unserem inneren Bild, unserer Vorstellung, die wir von ihr haben, verbessern wollen, damit sie sich der Wahrheit annähern möge? Es wäre besser, in diesem Zusammenhang von Tatsachen zu sprechen, da auch das Wort Wirklichkeit eine tiefere Bedeutung hat, als wir ihm in der Umgangssprache beimessen. Vielleicht sollten wir das *Wirken* in dem Wort mehr beachten, Wirken kommt von werken, arbeiten. Wo etwas *wirkt*, findet Veränderung statt: Die *Wirklichkeit* auf dem Weg zur *Wahrheit* ist dann ein ständiger Anspruch, mit Blick auf die Wahrheit zu wirken. Eines Tages hörte ich die folgende Geschichte aus Israel.

Sich ein wenig bekleiden

*D*ie Wahrheit ging durch die Straßen, ganz nackt, wie am Tag ihrer Geburt. Kein Mensch wollte sie in sein Haus einlassen. Jeder, der sie traf, flüchtete voller Angst vor ihr.

Eines Tages ging die Wahrheit wieder in Gedanken versunken durch die Straße. Sie war sehr betrübt und verbittert. Da begegnete sie dem Märchen. Das Märchen war geschmückt mit herrlichen, prächtigen und vielfarbigen Kleidern, die jedes Auge und jedes Herz entzückten. Da fragte das Märchen die Wahrheit: »Sage mir, geehrte Freundin, warum bist du so bedrückt und drehst dich auf den Straßen so betrübt herum?« Da antwortete ihm die Wahrheit: »Es geht mir schlecht, ich bin alt und betagt, und kein Mensch will mich kennen.«

Hierauf erwiderte das Märchen: »Nicht weil du alt bist, lieben dich die Menschen nicht. Auch ich bin sehr alt, und je älter ich werde, desto mehr lieben mich die Menschen. Siehe, ich will dir das Geheimnis der Menschen enthüllen: Sie lieben es, dass jeder geschmückt ist und sich ein wenig bekleidet. Ich werde dir solche Kleider borgen, mit denen ich angezogen bin, und du wirst sehen, dass die Leute auch dich lieben werden.«

Die Wahrheit befolgte diesen Rat und schmückte sich mit den Kleidern des Märchens. Seit damals gehen Wahrheit und Märchen zusammen, und beide sind bei den Menschen beliebt.

Jüdisches Märchen

Also in bunten Kleidern kommt das Märchen daher. Von der Wahrheit, die sich im Märchen verbirgt, bin ich überzeugt. Was bedeuten die bunten Kleider? Das Märchen hat sich bekleidet, geschmückt, geht nicht nackt durch die Welt – die nackte Wahrheit scheint uns Menschen selten zu gefallen. Bunte Stoffe umspielen und verhüllen das Märchen zum Teil. Will es damit etwas verbergen oder gerade dadurch etwas kenntlich machen?

Sinnbild

Ich erinnere mich an das erste Erleben des erzählten Märchens: Nicht sofort, aber sehr bald begriff ich, dass mir auf diese Weise Dinge gesagt wurden, die anders gar nicht gesagt werden konnten. Unsere Umgangssprache, die Sprache der Wissenschaft, des Verstandes und der Logik kommen an Grenzen des Sagbaren und Erklärbaren. Wollen wir darüber hinaus etwas zu verstehen versuchen, müssen wir über die Grenzen des Verstandes schauen, etwas durchschauen, es transparent machen. Weisheit – und sie fand ich in den Märchen – lässt sich nicht mit der nackten, nüchternen Sprache der Begriffe ausdrücken. Weisheit lässt sich nur umschreibend mitteilen in einer bildhaften Sprache – das sind die bunten Kleider des Märchens.

Aber geht es wirklich immer um Weisheit, um allerletzte Dinge, die sich nur gleichnishaft beschreiben lassen? Gerade die einfachen Märchen für die Kinder ließen sich doch vielleicht in zeitgemäßer Ausdrucksweise neu erzählen? Aber schon bei der nüchternen Wiedergabe des Inhalts oder beim Nacherzählen mit den Begriffen unserer Umgangssprache merken wir, dass die Märchen ihre geheimnisvolle Kraft verlieren, dass sie ihre Glaubwürdigkeit einbüßen. Gerade die Kinder verstehen die bildhafte Sprache besser als unsere nüchterne, abstrakte Begriffssprache. Wenn ich in einer Erzählstunde einen der bekannten Märchenklassiker der Brüder Grimm ankündige, dann höre ich oft die Forderung: »Aber erzähl das richtige Märchen, nicht das von Janosch!« (Dass die von Janosch manchmal ironisch nacherzählten Märchen für Erwachsene ein Vergnügen sein können ist unbestritten.) Mit *richtig* meinen die Kinder die Fassung der Brüder Grimm aus »Kinder- und Hausmärchen«, im Folgenden abgekürzt KHM und mit der Nummerierung versehen, die die Brüder Grimm den Märchen in ihrer vollständigen Ausgabe gegeben haben. Kinder verstehen die Bildsprache besser als wir Erwachsenen. Sie *hören mit dem Herzen*, so wie Antoine de Saint-Exupéry (1900-1944; französischer Schriftsteller) im »Kleinen Prinzen« sagt: »Man sieht nur mit dem Herzen gut.«

Wie lässt sich das bildhafte Erleben der Kinder erklären? Ich erinnere mich, dass ich mich als vierjähriges Kind vor der dunklen Öffnung der Hühnerstallluke geängstigt habe. Dahinter saß gewiss der Wolf. Ich sah die Hühner hinein- und hinauslaufen, hatte auch an der Hand meiner Mutter den Hühnerstall oft betreten und gesehen, dass es darin wohl dämmrig war, aber nicht Angst einflößend, wie das schwarze Loch es mir von außen suggerierte. Die Angst machte es um mich dunkel, wie wenn ich vom Wolf verschlungen wäre. Dieses Angstgefühl kennt wohl jedes kleine Kind und versteht deshalb das Bildwort *Wolf* gut, auch wenn es nie einen leibhaftigen Wolf gesehen hat. Der abstrakte Begriff *Angst,* mit dem ein vierjähriges Kind noch nichts anfangen kann, kleidet sich in das Bild *Wolf* und wird so zu einem Erlebnis für das Kind oder für die empfindsame Seele im Menschen. Im Märchen »Vom Wolf und den sieben jungen Geißlein« wird erzählt, dass die Kleinen Angst ausstehen, weil die Mutter fortgegangen ist. Sie sind vom Wolf verschlungen, nicht gefressen! Die Mutter kommt wieder und befreit sie von der Angst wie aus dem Bauch des Tieres. Niemand hätte mir als Kind die Angst vor dem schwarzen Loch der Hühnerluke mit Vernunftgründen ausreden können, aber mit dem Erzählen »vom Wolf und den sieben jungen Geißlein«, dem inneren Miterleben und Durchstehen der Angst, habe ich das Gefühl des Verschlungenwerdens bewältigt. Alles wird wieder gut.

Hoffnungsträger

Durch das gute Ende werden Märchen zu Hoffnungsträgern (nicht nur für Kinder), die Zuversicht vermitteln. Das Leben kann gemeistert werden, auch wenn es Prüfungen zu bestehen gilt und gefahrvolle Abenteuer bewältigt werden müssen. Aber im Leben geht doch auch nicht immer alles gut aus. Betreibt das Märchen hier nicht Schönfärberei? Ist es eben doch »nur ein Märchen«, geeignet für die Kleinen? Aber warum hören die Erwachsenen so gerne zu, wenn ich erzähle?

Eine Lektüre über die Menschheitsentwicklung half mir zum Verständnis dieses scheinbaren Widerspruchs. Es heißt, dass jeder Mensch in seiner Entwicklung die Stufen der Entwicklung der gesamten Menschheit wiederholt. Jedes Kind wendet im Spiel z.B. magische und rituelle Praktiken an, wie es die frühen Menschen in der Jagdkultur auch übten. Diese und andere Bewusstseinsschichten gehen uns als Erwachsene nicht ganz verloren, sie werden nur durch rationale Überlegungen, wie sie unserer Kulturstufe entsprechen und brauchbar erscheinen, überdeckt. Imaginieren wir einmal ein Wort wie *Wald.* Wir entdecken, dass Vorstellungen in unserem Inneren leben, die über das lexikalische Wissen, das wir von dem Begriff *Wald* haben können, hinausgeht. Wir können *Wald* als Bild in seiner Ursprünglichkeit erleben: verwirrend, ein Ort, an dem man sich verirren kann; ein Ort des vegetativen und animalischen Lebens, das uns ängstigen und bedrohen kann; aber auch ein Schutzraum, der Nahrung und Unterschlupf spendet. – Für alle diese inneren Erfahrungen brauchen wir als Kinder die Zuversicht, dass unser Leben sinnvoll und gut ist, damit wir Kräfte entwickeln können. Deshalb ist das gute Ende des Märchens wichtig und richtig. Als Erwachsene ertragen wir eher Missgeschicke und Niederlagen. Wir finden uns mit dem schlechten Ausgang einer Erzählung ab. Wir wissen, dass wir immer wieder neue Anstrengungen machen müssen. Ich habe vom Märchen gelernt, dass es klug ist, wie ein Kind auf gute Lösungen zu vertrauen und auf Hilfe zu hoffen. Das Märchen ist nicht nur Hoffnungsträger, es macht Mut und gibt Kraft.

Überlieferung

Meine Begeisterung für das Märchen wuchs zur Achtung vor dieser literarischen Gattung, als ich wahrnahm, wie alt Märchen sind. Die Menschen müssen sich schon vor 4000 und mehr Jahren über den Sinn des Lebens Gedanken gemacht haben, so wie wir heute. Die Grunderfahrungen sind die gleichen geblieben. Das zeigt die Tatsache, dass die Menschen etwa 2000 Jahre vor Chr. Geschichten niedergeschrieben haben, die unseren Märchen, wie wir sie kennen, ähnlich sind. In Ägypten gibt es auf einer Tonscherbe aufgezeichnet ein Märchen von etwa 2000 Jahre v. Chr., das unserem Dornröschen-Motiv gleichkommt. In Babylon wurde das Gilgamesch-Epos aufgezeichnet, in dem ein Königssohn auszieht, um das Kraut der Unsterblichkeit im Jenseitsbereich zu suchen. Dieses Motiv ist uns aus vielen Märchen vertraut. Jeder Mensch fand und findet sich in der Welt als männlich oder weiblich vor, ist Kind und Erwachsener, jung oder alt, gewinnt einen Partner oder verliert ihn vielleicht wieder. Jeder Mensch muss sich irgendwann von seinen Eltern lösen, muss sich mit Geschwistern auseinander setzen, stellt sich die Fragen: Wo komme ich her? Wo gehe ich hin? Was ist der Sinn meines Lebens? Von diesen Grunderfahrungen erzählen die Märchen und machen sie so zu zeitlos gültigen Geschichten, die Muster liefern für die Entwicklung und Reifung eines Menschen. Der Medienwissenschaftler Neil Postman hat einmal postuliert: Wir brauchen eine »glaubwürdige Erzählung ... über die Geschichte der Menschheit, die der Vergangenheit Bedeutung zuschreibt, die die Gegenwart erklärt und für die Zukunft Orientierung liefert«. Davon wird im Kapitel zur religiösen Dimension im Märchen ausführlicher die Rede sein. Diese Forderung trifft auf das Märchen zu; das habe ich immer wieder bei Erzählstunden erfahren.

Das Märchen ist ...

- ... keine Legende, die Beispielhaftes von Heiligenfiguren erzählt. Wenn in manchen Märchen der Brüder Grimm Christus, Gott Vater oder Petrus auftreten, werden diese Geschichten bezeichnenderweise »Legendenmärchen« genannt.
- Das Märchen ist keine Sage, die auch aus der mündlichen Überlieferung stammt, wie ihr Name schon sagt. Die Sage hat einen historischen Kern und spielt in einer bestimmten Zeit und an einem bekannten Ort.
- Das Märchen ist keine Fabel, deren Protagonisten Tiere sind, die für Menschen stehen und ihnen moralisches Verhalten wie in einem Spiegel vorführen.
- Das Märchen, von dem ich spreche, ist das Volksmärchen aus der mündlichen Überlieferung, das Sammler von unbekannten

Erzählern übernommen haben. Im Unterschied zum anonymen Volksmärchen wird das Kunstmärchen als individuelle Erfindung eines bestimmten und namentlich bekannten Autors von Anfang an schriftlich festgehalten und verbreitet. Brentano, Hauff, Bechstein, Andersen, Tieck, Novalis und andere Dichter haben wohl Volksmärchenmotive verwandt, diese aber stilistisch verfeinert. Weiteres Merkmal des Kunstmärchens ist ebenfalls der Einfluss der literarischen und geistesgeschichtlichen Strömungen der jeweiligen Zeit auf Form und Inhalt im Märchen. Die Volksmärchen erzählen dagegen in schlichter Sprache knapp und einfach vom Wesentlichen, so dass der Zuhörer sich eine eigene Vorstellung von dem Gehörten macht und eigene innere Bilder schaut.

Ich kann nicht eindeutig definieren, was ein Märchen eigentlich ist, wenn ich mehr als eine Beschreibung der äußeren Merkmale meine. Eher kann ich sagen, was Märchen auslösen, bewirken. Deutlich wurde mir dies, als ich einmal mit Staunen gefragt wurde, was ich denn immerzu mit den Märchen mache. Als Antwort fiel mir ein: »Eigentlich mache ich nichts mit dem Märchen – das Märchen macht etwas mit mir.«

- Das Märchen weiß Rat auf viele Lebensfragen und ist doch oder gerade deshalb ein Rätsel, das heißt, ein kleiner Rat.
- Das Märchen weist auf mich hin, es kennt den Menschen mit seinen Schwächen und Stärken und ist voll geheimnisvoller Weisheit.
- Das Märchen wirkt ermutigend und sinnstiftend, es leugnet nicht die Schwierigkeiten des Lebens, aber es zeigt Wege aus Gefahr und Verstrickung zum Gelingen des Lebens.

In anschaulicher Weise zeigt dies ein kleines Märchen aus der Sammlung der Brüder Grimm (KHM 103).

Der süße Brei

*E*s war einmal ein armes frommes Mädchen, das lebte mit seiner Mutter allein, und sie hatten nichts mehr zu essen. Da ging das Kind hinaus in den Wald, und da begegnete ihm eine alte Frau, die wusste seinen Jammer schon und schenkte ihm ein Töpfchen, zu dem sollt' es sagen: »Töpfchen, koche«, so kochte es guten süßen Hirsenbrei, und wenn es sagte: »Töpfchen, steh«, so hörte es wieder auf zu kochen. Das Mädchen brachte den Topf seiner Mutter heim, und nun waren sie ihrer Armut und ihres Hungers ledig und aßen süßen Brei, so oft sie wollten. Auf eine Zeit war das Mädchen ausgegangen, da sprach die Mutter: »Töpfchen, koche«, da kocht es, und sie isst sich satt; nun will sie, dass das Töpfchen wieder aufhören soll, aber sie weiß das Wort nicht. Also kocht es fort, und der Brei steigt über den Rand hinaus und kocht immerzu, die Küche und das ganze Haus voll, und das zweite Haus und dann die Straße, als wollt's die ganze Welt satt machen, und ist die größte Not, und kein Mensch weiß sich da zu helfen. Endlich, wie nur noch ein einziges Haus übrig ist, da kommt das Kind heim und spricht nur: »Töpfchen, steh«, da steht es und hört auf zu kochen; und wer wieder in die Stadt wollte, der musste sich durchessen.

Welches Märchen für welches Alter?

Grundlegende Kriterien

»Märchen sind doch Kinderkram!«

Mit diesem meist abwertend gemeinten Urteil würde sich die Frage erübrigen, welche Märchen wir Menschen verschiedenen Alters vorlesen oder erzählen. Bis zu welchem Alter ist ein Mensch ein Kind? Bis zu 10 Jahren? Wie kommt es aber, dass viele Erwachsene Märchen nicht nur gerne hören, sondern sich auf ganz unterschiedliche Weise mit ihnen auseinander setzen? Sie interessieren sich für Hintergrundwissen, Entstehung und Alter der Märchen, für Deutungen, für die Abgrenzung zu literarisch verwandten Gattungen wie Sage, Fabel, Legende, Mythos, für eine Ausbildung zum Erzählen der Märchen, für religionsgeschichtliche Hintergründe, für völkerkundliche Aspekte und dergleichen mehr.

Nein, Märchen sind kein Kinderkram. Früher haben Erwachsene den Erwachsenen Märchen erzählt. Kinder waren wohl immer dabei, und eines ist sicher: Kinder finden in unserer Zeit leichter Zugang zu den Märchen als Erwachsene. Ja, sie verstehen die symbolhafte Bildsprache besser als wir Erwachsenen. Kinder »wissen« ohne Erklärung, was Hexen oder Zauberer für Wesen sind, sie haben eine Vorstellung davon, was es heißt, Aschenputtel oder Dummling zu sein. Erwachsene hinterfragen gern die phantastischen Erscheinungen und werfen dem Märchen vor, wirklichkeitsfern zu sein. Ist eine Erscheinung der seelisch-emotionalen Ebene weniger »wirklich«, als eine äußerlich sichtbare, nur weil sie unsichtbar ist? Sie »wirkt«, also ist sie »wirklich«. Diese Wirkkraft lassen Kinder unkontrolliert zu: Sie fürchten sich vor nicht existenten Wesen, und sie kennen Helfer in ihrer Phantasiewelt. Woher kennen sie sie? Die Psychologie erklärt dieses Wissen mit dem Wesen des Menschen selbst: Wir haben alle guten und bösen Veranlagungen in uns wie einzelne »Wesen«. Die Kinder zeigen es uns, sie machen es uns vor; sie spielen »Vater, Mutter, Kind«. Diese drei Figuren vereinigen alle Aspekte des menschlichen Wesens in sich: der strenge, »böse« Vater als ein »Zauberer« oder der wissende als weiser »König«, die gute Mutter als schenkende »Fee« oder die beherrschende, festhaltende Mutter als »Hexe«, das Kind als angsterfülltes, abhängiges »Geißlein« oder als mutiger »Held«, der von zu Hause fortgeht hinaus in die Welt, um eigene Erfahrungen zu machen. Kinder müssen nicht »Märchen erfahren« sein, um diese Figuren in sich zum Leben zu erwecken. Sie heißen dann vielleicht nicht »König«, sondern »Superman« und nach anderen modernen Verkörperungen, hinter denen sich, den Märchen vergleichbare, Muster verbergen.

Entwicklung des Menschen und der Menschheit

So wie sich ein einzelnes Kind vom abhängigen Wesen zum selbstbestimmten Erwachsenen entwickelt (oder entwickeln sollte), so scheint die Menschheit als Ganzes auch einmal in den Kinderschuhen gesteckt zu haben. Sie ist noch längst nicht an ihrem Ziel, noch nicht an ihrer vollen Entfaltung angekommen, aber die Kindheitsphase ist wohl überschritten: Wir können es uns nicht mehr leisten, unbekümmert wie ein Kind zu sein, müssen uns auch nicht mehr in dem Maße von der Natur abhängig fühlen, wie die Menschen in früheren Zeiten, in denen sie magische Praktiken entwickelten, z.B. für Jagdzauber und dem Gnädigstimmen von Gottheiten. Anstelle dieser Abhängigkeit ist Verantwortung getreten gegenüber den bekannten und unbekannten Erscheinungen der Natur. Die Menschheit als Ganzes gesehen reagierte vermutlich auf phantastische Erscheinungen und Jenseitswesen, wie sie im Märchen vorkommen, ähnlich wie heute jeder einzelne Mensch als Kind, mit dem absoluten *Glauben* daran. Je älter ein Kind wird, um so stärker wird der Wunsch nach *Wissen* und Beweisen.

Um mit Unerklärlichem in eine Beziehung zu treten, um es sich zumindest ansatzweise zu erklären, haben die Menschen früher angefangen, sich Geschichten zu erzählen. In diesen Geschichten, die wir heute Märchen nennen, werden Mächte und Kräfte zu Figuren, wie etwa die Hexe, der Zauberer, der Drache. Ein Kind ist diesen Mächten sehr viel stärker ausgeliefert als ein Erwachsener, der ihnen mit seinem Verstand begegnen kann. Aber auch im Erwachsenen gibt es eine Ebene, das »Kind im Menschen«, das sich von den Figuren der Märchen ansprechen lässt.

Märchen sind für Menschen jeden Alters hilfreich, sich in den Erscheinungen der Welt zurechtzufinden. Da Kinder intellektuell noch nicht so entwickelt sind wie Erwachsene, werden wir ihnen einfachere Märchen anbieten als den älteren Menschen.

Gibt es ein Märchenalter?

Es ist zu beobachten, dass Mütter und Väter ihre Kinder schon ab zwei oder drei Jahren zum Märchenerzählen bringen. Das ist eigentlich zu früh. In diesem Alter mögen die meisten Kinder noch nicht so lange still sitzen, sie lieben kleine rhythmische Verse, kurze Geschichten mit Zwergen und Elfen. Mit vier Jahren sind die Kinder fähig, eine gewisse Zeit still zu sitzen und sich auf ein Märchen einzulassen.

Etwa mit fünf Jahren beginnen die Kinder, »märchen-hungrig« zu werden. Den kleinsten Kindern sollten eigentlich nur Mutter, Vater, Großeltern oder die vertrauten ErzieherInnen die Märchen erzählen, sie brauchen eine bekannte Bezugsperson. Wenn dennoch eine Märchenerzählerin, ein Märchenerzähler in den Kindergarten kommt, sollten die Erzählenden besonders auf einen leichten, ganz undramatischen Erzählton achten. Den Erziehern und Eltern ist bekannt, ob ein Kind besonders ängstlich ist oder irgendeine andere Auffälligkeit zeigt; ein Außenstehender muss das in die Überlegungen einbeziehen, sowohl bei der Wahl der Märchen als auch in seinem Erzählton. Bei älteren Kindern, Jugendlichen und Erwachsenen spielt die Bezugsperson keine Rolle mehr; es ist vielmehr eine willkommene Abwechslung und Bereicherung für sie, neue Menschen und Erzählweisen kennen zu lernen.

Vorlesen oder erzählen, und wie?

»*Erzählen* ist schöner als *Vorlesen,* aber *gut vorgelesen* ist schöner als *schlecht erzählt,* « so formulierte es einmal eine Zehnjährige. Und ich gebe ihr Recht. Für kleine Kinder ist es wichtig, dass der Wortlaut eines Märchens nicht verändert wird. Sie wollen es ja nicht nur einmal, sondern immer wieder und wieder hören. Das zeigt, dass in einem bestimmten Märchen für ein bestimmtes Kind ein ganz besonderer Punkt wichtig ist, ein Problem, dass das Kind mit Hilfe des Märchens in seiner Seele bewegt. Wenn dieser »Knoten« aufgelöst ist, hat es einen Reifungsschritt erlebt und ist bereit, sich einem neuen Märchen und neuen Aufgaben zuzuwenden. Der immer wieder gewünschte gleiche Wortlaut zeigt, dass Kinder Leitsätze brauchen, an denen sie sich orientieren können. Man kann mit Kindern nicht auf rationaler Ebene darüber reden, aber durch Spielen und Malen drücken sie sich unbewusst aus, und das zeigt uns etwas von ihren Gefühlen und ihrem Befinden. Dadurch wird auch klar, warum Märchen eher gut vorgelesen als irgendwie nacherzählt werden sollten. Beim Erzählen mit eigenen Worten stehen uns meist nicht die bildkräftigen Ausdrücke zur Verfügung, die die Märchen für Kinder anschaulich und erlebbar machen. Außerdem sortiert unser kritischer Verstand gern etwas aus, das für uns selbst gerade nicht wichtig zu sein scheint oder das wir geradezu für schädlich halten. Für das Kind ist aber vielleicht gerade das wichtig. Märchen sind – wenn wir sie näher kennen lernen – in ihrem Aufbau und ihrer Aussage voller Weisheit und Sinn.

Wenn Vater, Mutter oder ErzieherInnen die Kinder um sich versammeln – meist sind es ja wenige – dann haben sie auch mit dem Buch in der Hand guten Kontakt zu den Kindern. Nach häufigem Lesen der kurzen Märchen prägt sich der Text ein, so dass er meist bald im Wortlaut wiedergegeben werden kann, ohne dass das Auge ständig die Worte suchen muss. Kinder kennen den Wortlaut meist sehr schnell und bestehen auf dem gleichen Text, weil er ihnen sozusagen die Ordnung der Welt garantiert. Mehr dazu im Kapitel »Sich an der Schöpfung beteiligen.«

Zur Auswahl der Märchen für bestimmte Altersgruppen

Wenn hier Märchen der Reihe nach für bestimmte Altersgruppen genannt werden, so ist das eine Auswahl und gibt nur Anhaltspunkte, die die Entscheidung für Eltern und ErzieherInnen erleichtern helfen und

Anregungen geben sollen. Es ist ja nicht nur das Alter der Kinder entscheidend, sondern auch der seelische Reifungsgrad. Die Grenzen zwischen den Altersstufen sind fließend, und es gibt kein Märchen, das Kinder nicht hören dürften. Es muss nur der richtige Zeitpunkt, der rechte Ton und die richtige Zeitdauer sein, die wir für ein Märchen wählen.

Ich beschränke mich hier auf Beispiele aus der Sammlung der Brüder Grimm. Es gibt in anderen Anthologien viele weitere geeignete Märchen.

Für die *Kindergartenjahre* gilt: Mit dem Einfachsten anfangen, oft wiederholen und dann zum Anspruchsvolleren übergehen. Für die Jüngsten werden wir kurze Märchen mit nur einem Handlungsstrang und wenigen Personen wählen. Ein Klassiker unter den »Kindermärchen« ist *Der süße Brei*. Es macht ihnen Mut, denn es bestätigt sie darin, dass kleine Kinder nicht immer die Unwissenden und Dummen sind. Das Kind in dem Märchen weiß das Zauberwort, das den überquellenden Brei zum Stillstand bringt. Geeignet sind alle so genannten *Dummlingsmärchen*, weil sie die für das kleine Kind typische Ausgangssituation und die daraus sich ergebende Entwicklungsmöglichkeit zeigen: Ich bin klein und schwach, aber ich kann groß und stark und klug werden. Die *Riese-und-Schneider*-Märchen gehören auch dazu, außerdem sind *Tiermärchen* geeignet, in denen die kleinen und listigen Tiere den großen und starken überlegen sind oder durch Zusammengehörigkeitsgefühl Aufgaben lösen, die ein Einzelner nicht schaffen kann.

Der Kobold und die Ameise

*D*er Fuchs ist einmal von einem Spaziergang heimgekommen. Er will grad in seine Höhle schlüpfen, da sieht er: ein Kobold sitzt darin und will ihn nicht hineinlassen. Da ist der Fuchs zum großen Bären gegangen und hat gejammert: »Ach, lieber Herr Bär, in meiner Höhle sitzt ein Kobold, der lässt mich nicht hinein. Hilf mir doch, ihn zu vertreiben.« Der große Bär tröstet den Fuchs und geht mit ihm zur Fuchshöhle – tap – tap – tap. Kaum kommen sie in die Nähe, da hören sie auch schon den Kobold brüllen: »Macht, dass ihr fortkommt, sonst fresse

ich euch mit Haut und Haar!« Da ist der Bär wieder heimgegangen –
tap, tap, tap, tap.
Und nun geht der Fuchs zum Wolf. Der kluge Wolf will dem Fuchs auch
helfen und schlendert los. Als sie zum Fuchsloch kommen, schreit der Kobold wieder: »Schert euch fort, oder ich fresse euch auf!« Und da ist auch
der Wolf davongelaufen.
Zu guter Letzt hat doch noch ein Tier dem Fuchs geholfen – ein ganz
kleines, eine Ameise. Die ist leise, ganz leise, ohne dass es der Kobold
bemerkt hat, zum Fuchsloch hineingeschlüpft und hat angefangen, den
Kobold zu zwicken und zu zwacken, da konnte er gar nicht mehr stille
sitzen. Am Schluss hat er es nicht mehr ausgehalten, ist aufgesprungen
und auf- und davongelaufen. Jetzt ist der Fuchs wieder in seine Höhle
eingezogen.

Nach einem Märchen aus Österreich

von 4 – 6 Jahren	
Der süße Brei	KHM 103
Der goldene Schlüssel	KHM 200
Läuschen und Flöhchen	KHM 30
Die Sterntaler	KHM 153
Der Wolf und die sieben Geißlein	KHM 5
Rotkäppchen	KHM 26
Die Bienenkönigin	KHM 62
Die drei Federn	KHM 63
Die Bremer Stadtmusikanten	KHM 27
Hänsel und Gretel	KHM 15
Schneewittchen	KHM 53
Rumpelstilzchen	KHM 55
Frau Holle	KHM 24
Der Froschkönig	KHM 1
Dornröschen	KHM 50
Aschenputtel	KHM 21

Die *Kinder in den ersten zwei Schuljahren* sind nicht mehr ganz und gar abhängig, haben die ersten eigenen Schritte in die Welt getan. Manche Kinder erleben es als von-den-Eltern-verlassen-worden-sein oder sogar als ausgestoßen-werden. Im Bild heißt das: »Vater und Mutter waren gestorben« oder »die Eltern haben sie im Wald ausgesetzt«. Sie sind nun aber fähig, sich allein auf den Weg zu machen, um ein neues Glück zu suchen. Ein solches Märchen ist zum Beispiel *Die Wassernixe* (KHM 79):

Die Wassernixe

*A*n einem Brunnen spielten Bruder und Schwester. Wie sie so spielten, fielen sie beide in den Brunnen hinein. Da unten aber, da war eine Wassernixe, die sprach: »Jetzt habe ich euch endlich, ihr sollt für mich arbeiten!« Und sie führte die Kinder mit sich fort. Dem Mädchen gab sie verwirrten garstigen Flachs zu spinnen, und Wasser musste es schleppen und in ein hohles Fass schütten. Der Junge sollte einen Baum umhauen. Aber die Axt, die er bekam, war stumpf! Zu essen bekamen die beiden nichts als steinharte Klöße.

Da wurden die Kinder ganz verzweifelt. Sie warteten bis es Sonntag wurde und die Nixe in die Kirche ging. Dann entflohen sie. Als die Nixe heimkam, sah sie, dass die Kinder fortgelaufen waren. Mit großen Sprüngen setzte sie ihnen nach. Das bemerkten die Kinder. Als sie die Nixe von weitem kommen sahen, warf das Mädchen eine Bürste hinter sich: Da stand da ein großer Bürstenberg mit tausend und tausend Stacheln. Die Nixe musste drüberklettern, das dauerte eine Weile, aber schließlich kam sie doch hinüber. Wie die Kinder das sahen, warf der Junge einen Kamm hinter sich: Das gab einen Kammberg mit tausend mal tausend Zinken. Wieder musste die Nixe mühsam über diesen Berg – aber sie kam drüber! Da warf das Mädchen einen Spiegel hinter sich: Da stand ein Spiegelberg, der war so glatt, so glatt, dass die Nixe nicht hinüberkam. Sie rutschte ab. »Ich will heimgehen,« dachte sie, »ich will meine Axt holen und den Spiegelberg entzweischlagen!« –

Bis sie mit der Axt kam und den Spiegelberg entzweigeschlagen hatte, waren die Kinder schon weit, weit fort. Die Wassernixe konnte sie nicht

mehr fangen. Sie musste wieder zurück in den Brunnen.
Und da sitzt sie nun und wartet, ob wieder jemand hineinplumpst.

Nach einem Märchen der Brüder Grimm

von 6 – 8 Jahren	
Das Lumpengesindel	KHM 10
Hans im Glück	KHM 83
Rapunzel	KHM 12
Die Gänsemagd	KHM 89
Die weiße Schlange	KHM 17
Der Stiefel von Büffelleder	KHM 199
Hans, mein Igel	KHM 108
Die drei Männlein im Walde	KHM 13
Einäuglein, Zweiäuglein, Dreiäuglein	KHM 130
Die zertanzten Schuhe	KHM 133

Die *Kinder der dritten und vierten Klasse* lieben z.B. Märchen wie den *Eisenhans* (KHM 136), in dem der Königssohn ein Verbot des Vaters übertritt, eine lange Zeit des Dienens auf sich nehmen muss und schließlich König wird. Ungehorsam gegenüber den Eltern kennt jedes Kind. Das Märchen bestätigt die Kinder darin, dass Fehlermachen und Ungehorsamsein zwar Unannehmlichkeiten mit sich bringen, dass damit aber kein endgültiges Urteil gesprochen ist. »Vertraue darauf, dass du deine Chance bekommst, um dich zu bewähren«, so könnte man die Aussage dieser Märchen nennen.

In dem Alter zwischen acht und zehn Jahren lieben Kinder humorvolle, lustige, spaßige, manchmal auch etwas derbe Kost wie die Geschichte von den zwei Riesen aus Ostfriesland. Ein solches Schwankmärchen ist auch geeignet, die zuhörenden Kinder aus ihrer eventuellen nach innen gewandten Versunkenheit wieder zu wecken. Man kann sie gut als Abschluss einer Märchenstunde erzählen.

Die zwei Riesen

*E*s waren einmal zwei Riesen, der wilde Witzel und der prahlende Rotzel, die wohnten jeder auf einer Seite eines Berges: hier der wilde Witzel, und da der prahlende Rotzel.

Eines Tages sagt Witzel zu seiner Frau: »Der Rotzel gefällt mir nicht. Ich geh über den Berg, ich will ihn verprügeln.« Also steigt er auf der einen Seite hoch und auf der anderen wieder hinunter. Er kommt zum Haus des Rotzels, aber da ist nur seine Frau daheim. »Wo ist der Rotzel? Der rotzelt mir zuviel, ich will ihn verprügeln.« »Ach«, sagt die Frau, »der Rotzel ist gerade nicht zu Hause. Aber komm doch herein, du kannst warten.« »Ja, wo ist er denn hingegangen?« fragt Witzel. »Ja-, schau dort zum Berg. Der Rotzel ist hinaufgestiegen, um zu pinkeln.« »Um zu pi...?« »Ja«, sagt sie, »schau nur, wie der Strahl herunterfällt«. Dabei zeigt sie auf einen Wasserfall, der da unentwegt vom Berg fällt. »Er wird vor drei Stunden nicht damit fertig sein. Komm nur herein, ich koche dir eine Tasse Tee.« »Oi«, denkt der Witzel, »drei Stunden macht der das, was muss das für ein Kerl sein!« Und er sagt zur Frau Rotzel: »Nein, danke, ich geh doch lieber über den Berg nach Hause«. Er steigt auf der einen Seite hoch und auf der anderen Seite wieder runter und erzählt seiner Frau, was er erlebt hat »Und wenn er nun kommt und sich rächen will? Der macht Mus aus mir!« »Lass mich nur machen, und bleib du ganz still« beruhigt ihn seine Frau.

Unterdessen kommt der Rotzel heim – er war gar nicht auf dem Berg gewesen, er war im Wald, Holz sammeln. Und seine Frau erzählt ihm, dass der Witzel dagewesen ist, und wie das so gegangen ist. »Was!« schreit der prahlende Rotzel, »dieser Angeber, ich zerdrück ihn zu Mus!« Er steigt auf der einen Seite des Berges hinauf und auf der anderen wieder hinunter. Witzel sieht ihn kommen und jammert. »Sei still,« sagt seine Frau, »leg dich ins Bett, zieh die Decke bis über die Nase, und rühr dich nicht.« Dann läuft sie dem Rotzel entgegen und sagt: »Leise, leise, das Kind ist gerade eingeschlafen!« Sie zieht ihn am Ärmel mit ans Bett und singt: »Schlaf, Kindchen, schlaf...« Der Rotzel schaut auf den Berg unter der Bettdecke und denkt: »Oi, wenn das das Kind des wilden Witzels ist, wie wild muss dann der Witzel selber sein.« Und er sagt zur Frau Witzel: »Ich geh doch wieder über den Berg nach Hause.« Er steigt

auf der einen Seite des Berges hinauf und auf der anderen wieder hinun-
ter, und seit der Zeit leben Witzels und Rotzels ganz friedlich nebenein-
ander.

Nach einem Märchen aus Ostfriesland

von 8 – 10 Jahren	
Der Eisenhans	KHM 136
Der treue Johannes	KHM 6
Der Teufel mit den drei goldenen Haaren	KHM 29
Das Meerhäschen	KHM 191
Fundevogel	KHM 51
Der Königssohn, der sich vor nichts fürchtet	KHM 121
Die zertanzten Schuhe	KHM 133
Auch Kunstmärchen zum Selberlesen	
aus 1001 Nacht, von Andersen, Bechstein, Hauff, ...	

Die *Jugendlichen* meinen, dass Märchen für sie nichts sind. Wenn in der Schule der Lehrplan den Stoff »Märchen« vorsieht, sind sie meist unwillig und wenig begeistert. Um ihnen einen Zugang zu diesem Stoff zu ermöglichen, ist es gut, Märchen mit kraftstrotzenden Helden zu wählen, die für gute Zwecke kämpfen, Ungeheuer besiegen, selbst dabei in Not und Gefahr geraten und am Ende Sieger sind, das heißt König werden und die schönste Braut errungen haben. Jugendliche wollen ihre Kräfte für höhere Ziele einsetzen, sie können sich mit starken Helden identifizieren und auf diese Weise begeistert werden, ihre Aufgaben anzupacken.

In dem kurzen chinesischen Märchen *Der Krötenkaiser* wird davon in humorvoller Weise erzählt. So kurios es auf den ersten Blick erscheinen mag, es trifft die Situation der Jugendlichen genau: Von den Eltern und anderen Erwachsenen nicht recht erkannt werden, vom anderen Geschlecht angezogen sein und offenbar in der wahren Gestalt wahrgenommen werden, die ältere Generation schließlich ablösend.

Der Krötenkaiser

Es war einmal ein Ehepaar, Mann und Frau, beide über sechzig Jahre alt. Sie hatten keine Kinder und waren deshalb traurig. Regelmäßig gingen sie zum Tempel, um zu beten, aber der Erfolg blieb aus. Eines Tages sagten sie zum Tempelgott:»Selbst wenn wir eine Kröte als Kind bekämen, wären wir zufrieden.« Der Tempelgott war einverstanden.

Sie gingen flink nach Hause und stiegen in ihr Ehebett. Wirklich war die Frau bald schwanger, und sie gebar tatsächlich eine Kröte. Gleich hüpfte das Tier herum, und eines Tages sagte es »Vater« und »Mutter« zu den alten Leuten. Sie starben beinahe vor Schreck! Schließlich hatten sie auf einen Sohn gehofft, und was sie hatten, war ein Kröterich! Am besten wäre es, das Tier zu töten. Nun aber bat der Kröterich ihn aufzuziehen. Nach zwei Jahren schon würde er erwachsen sein und könnte seinen Vater ständig begleiten. Also zogen sie ihn auf.

Eines Tages war am Stadtwall ein kaiserlicher Aufruf: Die Nordbarbaren seien dabei, nach Süden einzufallen; wer sie besiegen könne, werde reich belohnt und bekäme außerdem eine Prinzessin zur Frau. Kaum war der Vater mit dem Lesen fertig, als der Kröterich hochsprang und das Plakat abriss, zum Zeichen, dass er der Aufforderung nachkommen wolle. Ein Beamter führte ihn zum Kaiser, den bat er um fünfhundert Mann, ein großes Pferd und ein schönes Schwert. Dann ritt der Kröterich nach Norden. Die Nordbarbaren rückten näher mit ihrem Heer, aber als sie eine Kröte zu Pferd sahen, waren sie verwirrt. Der Kröterich nutze diesen Umstand, stürzte vor mit seinem Schwert und erschlug alle Nordbarbaren. Nach diesem großen Sieg kam der Kröterich zurück und wurde kaiserlicher Schwiegersohn.

Bald aber war der Kaiser auf ihn böse, weil der Kröterich gern auf den Kaiserthron sprang und da sitzen blieb, was hässlich anzusehen war. Da befahl der Kaiser, das Tier zu töten. Aber die Prinzessin, also des Kröterichs Frau, war dagegen. Sie erzählte ihrem Vater, dass der Kröterich nachts seine Haut ablege und zu einem schönen Jüngling werde; sie habe sich in ihn verliebt! Der Kaiser glaubte ihr kein Wort, und deshalb kam er in der nächsten Nacht, zusammen mit der Kaiserin, heimlich in das Zimmer der Prinzessin, um nachzusehen. Und wirk-

Grundlegende Kriterien

lich, da hing die Krötenhaut am Bett! Vorsichtig nahm er sie und be-
gann sie anzuziehen. Es war nicht einfach, und er brauchte Hilfe von
der Kaiserin. Schließlich hatte er sie an, aber jetzt erwies es sich als
unmöglich, sie wieder auszuziehen.

Am anderen Morgen nahm die Prinzessin ihres Vaters Kaisermantel
und gab ihn ihrem Gatten. Er zog ihn an und ging damit zu Hofe. Der
alte Kaiser, als Kröterich, hüpfte fort ins Gebirge. – Ja, so geht es uns
Alten, wenn wir nicht rechzeitig abtreten.

Nach einem Märchen aus Südchina

<u>ab 10 Jahre,</u>
<u>für Jugendliche</u>

Das singende, springende Löweneckerchen	KHM	88
Jorinde und Joringel	KHM	9
Der Trommler	KHM	193
Der Gevatter Tod	KHM	44
Die sechs Schwäne	KHM	49
Die Goldkinder	KHM	85

Alle Heldenmärchen (Vor allem in der Sammlung
russischer Märchen von Afanassjew zu finden.)

Wenn *Erwachsene* zu einer Märchenstunde kommen, wollen die einen
meistens unterhalten werden und sich entspannen, andere erwarten
Deutungen und Begründungen. »Sich unterhalten lassen« verstehen wir
als »sich etwas Gutes tun«. Märchen tun gut, meist unterschätzen wir
aber den »Unterhaltungswert« von Märchen. Beim Zuhören entdecken
Erwachsene plötzlich, dass es in einem Märchen etwas gibt, dass nicht
nur den belanglosen Unterhaltungswert hat, sondern den besonderen:
Es geht uns etwas an, es beschäftigt uns, es stellt eine Beziehung her
zu unserem Erleben. Es kommt vor, dass Zuhörer sehr betroffen reagieren und sich nach Jahren noch an die Erzählstunde erinnern. Manche
Menschen sagen, »wenn ich krank bin, lese ich Märchen«. Es soll in
Indonesien noch heute Volksstämme geben, in denen die Medizinmän-

ner die Kranken mit einem auf ihre Situation passenden Märchen heilen. In unserem Kulturkreis arbeiten viele Psychologen und Psychiater mit ihren Patienten an Märchen. Dabei spielt die Deutung eine untergeordnete Rolle. Allein das Märchen hören, und in der Seele und im Herzen damit umgehen, tut seine Wirkung. Natürlich dürfen wir im Gespräch nach dem Erzählen Deutungen und Bedeutungen suchen. Wir stellen dann erstaunt fest, wie verschieden die einzelnen Menschen das gleiche Märchen auffassen. Es gibt keine »richtige« und keine »falsche« Deutung; für jeden Menschen ist die eigene stimmig. Bei dem kleinen litauischen Märchen *Der Storch und seine Kinder* werden die Meinungen stark auseinander gehen.

Der Storch und seine Kinder

*D*ie Störche flogen über das Meer. Ein Storchenkind wurde müde und sagte zum alten Storch: »Vater, trage mich, wenn du alt bist, trage ich dich auch.«

»Nein, was du sagst, ist verkehrt,« antwortete der alte Storch. Sie fliegen weiter.

Da wird das andere Storchenkind müde und bittet den Vater auch, es zu tragen. Es sagt: »Ich werde dich tragen, wenn du alt bist.« Auch ihm antwortet der Vater: »Was du sagst, ist verkehrt.«

Danach sagt das dritte Storchenkind: »Väterchen, trage mich, dann werde ich auch meine Kinder tragen.«

»Sieh da,« sagt der alte Storch, »du sagst das Richtige!« Und er trug den Kleinen.

Nach einem Märchen aus Litauen

für Erwachsene
    Märchen aller Kulturen
    Schöpfungsmythen
    ätiologische Märchen, d.h. warum etwas wie wurde

Alte Menschen lieben es, die »Klassiker« der Brüder Grimm zu hören. Sie erinnern sich gern, werden innerlich dabei lebendig und beginnen, aus ihrem Leben zu erzählen. Als ich einmal das Märchen vom *Singenden, springenden Löweneckerchen* (KHM 88) in einem Seniorenheim erzählte, rief eine Frau mir hinterher zu: »So war mein Leben, genauso war mein Leben!« In diesem Märchen verliert die junge Frau ihren Liebsten, sucht ihn auf einer langen Wanderung und kann ihn endlich erlösen. Es wäre falsch, wenn wir aus dem Gedanken heraus, alten Menschen ihre verbleibende Zeit angenehm zu machen, ihnen nur »niedliche« Geschichten erzählen, in denen alles immer glatt geht. Das Erinnern ist heilsam, wohltuend und befreiend. Das Märchen macht immer ein wenig Mut.

Die Maus, die sich fledermauste

*E*s war einmal eine sehr alte Maus, die nicht mehr arbeiten konnte. Da hat sie sich überlegt: »Ich bin schon so alt und kann nicht mehr arbeiten: Ich will mich verwandeln. Aber was soll ich werden? Ich möchte im Dunkeln sehen und nicht gesehen werden.« So sprach sie, und da kam ihr ein Gedanke: »Soll ich Schabe werden? Das will ich lieber sein lassen. Dann stehle ich fremde Speisen, und man tötet mich. Soll ich Schlange werden? Die Schlange sieht nicht im Dunkeln. Was also soll ich werden? Die Fledermaus isst reife Bananen. Ich werde Fledermaus!«

So hat sie gesprochen und sich in eine Fledermaus verwandelt. Sie hat sich mit dem Kopf nach unten aufgehängt, und da hat sie einen Schluckauf bekommen.

Das hört eine wirkliche Fledermaus und kommt neugierig herbei. Als sie die Maus sieht, fragt sie: »Warum hängst du denn da? Du willst mich wohl verspotten?«

»Ich verspotte dich nicht; ich will eine Fledermaus werden,« antwortet jene. Da fällt ihr der Schwanz ab, und ihre Haut spannt sich aus zu Flügeln.

Die andere Fledermaus fliegt zu ihren Leuten und sagt: »Da ist eine Maus, die sich in eine Fledermaus verwandelt. Ich habe sie gesehen.

Sie will sich verwandeln und mit uns leben. Lasst sie in Ruhe, dass sie sich verwandeln kann!«

Da rufen die Fledermäuse:»Was! Eine Maus, die sich fledermaust! Vorwärts, das wollen wir sehen!« und alle eilen hin. Alle Fledermäuse kommen und sehen die Maus, wie sie sich fledermaust. Sie hängt da, und die Fledermäuse betrachten sie.

Die Fledermaus fragt:»Hast du dich schon verwandelt, Maus?« »Ich hab mich schon verwandelt und möchte fliegen, aber ich fürchte mich,« erwidert sie. Da sagt die Fledermaus:»Fürchte dich nicht, Maus! Fliege! Es ist wunderschön!«

Die Maus wollte fliegen, aber sie fürchtet sich und zittert und zittert und bleibt hängen. Da rät ihr die Fledermaus:»Fürchte dich nicht vor dem Fliegen, Maus! Ich werde dich unterrichten. Fächele und fächele mit beiden Armen. Dann wirst du fliegen.«

Die Maus tut es. Sie fächelt und fächelt, sie fächelt mit beiden Armen und – gewöhnt sich daran. Sie fliegt. Die Maus fliegt! Sie gewöhnte sich daran.

»Wunderschön ist es!« rief sie und flog dahin.

Ja, so machte es die Maus, um sich zu fledermausen.

Das hat mir ein alter Indianer erzählt.

In seinem Land ist es geschehen.

<u>für alte Menschen</u>
die »Klassiker« der Brüder Grimm, weil alte Menschen
sich gern an Bekanntes erinnern,
lustige Märchen, weil alten Menschen das Lachen gut tut,
kein Märchen länger als zehn Minuten Dauer, weil dann die
Konzentration nachlässt, zwischendurch Pausen mit Musik,
Gesang, Gespräch.

Zum Schluss sei erwähnt, wie Märchen auf körperlich und geistig *behinderte Menschen* wirken können: Sie werden motorisch und seelisch ruhig, entspannen sich, ähnlich wie bei guter Musik. Am Schluss einer Erzählstunde vor körperlich und geistig behinderten Menschen erzählte ich den »goldenen Schlüssel«. Das Märchen endet mit dem Aufschlie-ßen eines kleinen Kästchens, »und nun müssen wir warten, bis er voll-ends aufgeschlossen und den Deckel aufgemacht hat, dann werden wir erfahren, was für wunderbare Sachen in dem Kästchen lagen.« Danach ging das Wünschen und Raten los, jeder sah etwas anderes in dem Kästchen, wie die Kinder: Perlen, Edelsteine, Gold, Ringe, Ketten, eine Krone u.a. Und dann sprang einer auf und rief: »Ich weiß – die Liebe natürlich!« Das hatte noch kein Kind und kein Erwachsener mir auf die Frage geantwortet, was denn wohl in dem Kästchen sei.

Sicherheit und Zuversicht für das Leben geben

Märchen im Kindergarten

Das »schöne« Märchen

Die häufig gestellte Frage »Welche Märchen sollen wir im Kindergarten erzählen?« ist nicht so einfach zu beantworten. Ich kann natürlich einige der Klassiker der Brüder Grimm aufzählen, aber es gibt noch so viele andere schöne Märchen für das Alter von vier bis sechs Jahren. Vielleicht sollten wir uns eher darüber verständigen, was ein »schönes« Märchen für diese Kinder ist, damit ErzieherInnen und Eltern selbst die Auswahl treffen. Die Kinder nennen die Märchen schön, wenn sie sich beim Zuhören wohl fühlen. Dieses Wohlgefühl äußert sich verschieden: Bei lustigen Mitmach-Märchen wie den Kettenmärchen stimmen die Kinder begeistert in die Aufzählung der immer zahlreicher werdenden Personen oder Dinge ein, oder sie agieren mit. Bei eher beschaulichen Märchen sind die Kinder innerlich stark beteiligt, werden ruhig und entspannt. In beiden Fällen entsteht eine Verbindung zwischen ihnen und der Erzählerin oder dem Erzähler. Sie bilden eine Gemeinschaft, in der sich für die Zeit des Erzählens Neues ereignet.

Im Allgemeinen ist es so, dass Kinder ab vier Jahren gern und mit Teilnahme beim Erzählen zuhören. Dass die Alterszuweisung aber nicht immer stimmt, will ich an einem Beispiel zeigen. Es kommt weniger auf Altersgrenzen an als auf das Wohlgefühl des Kindes. Dieses Wohlgefühl zeigte mir ein kleines Mädchen, nachdem ich mich anfangs über sein Erscheinen geärgert hatte. Es waren Märchen für Kinder ab fünf Jahren angekündigt. Natürlich war ich nicht begeistert, als eine Mutter ihr noch nicht dreijähriges Mädchen mitbrachte. Meint man doch zu wissen, dass die Kinder in diesem Alter nichts davon haben und die anderen nur stören, weil sie noch nicht so lange stillsitzen können. Die Kleine aber schmiegte sich an ihre Mutter und muckste sich nicht. Nach dem Erzählen zog sie ihre Mutter an der Hand nach vorn, kletterte mir auf den Schoß und sagte: »Ich hab dich viel lieber als meine Mama.« Mir verschlug es zuerst die Sprache, und ich sah die Mutter an, wie sie es aufnähme. Die Mutter lächelte, sie hatte wohl verstanden, was ich dann auch begriff und als Frage an das Kind richtete: »Du hast das Märchen so lieb?« Das Mädchen nickte und kuschelte sich an mich. Sie unterschied noch nicht, dem Alter gemäß, zwischen dem Märchen und der Erzählerin. Sie lebte noch in der Verbundenheit mit der sie umgebenden Welt. Was ihr wohl tat, das Märchenhören, verkörperte sich für sie in dieser Stunde in meiner Person, sonst war es eben die Mutter. Die Ausdauer, die diese Zweijährige hatte, ist wohl selten. Wenn ich gefragt hätte: »Wie war das Märchenerzählen?«, dann hätte sie wohl schlicht und einfach gesagt: »Schön.« Was macht Märchen für Kinder ›schön‹? Und sind alle Märchen schön für Kinder im Vorschulalter?

Generell sind alle Volksmärchen für Kinder geeignet, es gibt darin nichts, was sie nicht hören dürfen. In die Kinderseele ist offenbar eine Art Filter eingebaut, der von dem Gehörten nur das durchlässt, was der Seele des Kindes zuträglich ist. Das erstaunt vielleicht manche Eltern und ErzieherInnen, die einige Märchen für zu grausam halten, um sie vier- bis sechsjährigen Kindern zu erzählen. (Anders ist es mit dem Ansehen von Bildern oder Filmen. Dazu mehr in den Kapiteln »Bildsprache und Traumsprache« und »Druck – Tonträger – Bildträger«). Es heißt, dass die Menschen, Kinder und Erwachsene gleichermaßen, nur das verstehen, was sie schon wissen. Nur das wird erkannt, wovon der Mensch schon eine Vorstellung hat. Also *hören* die Kinder nur das im Märchen, was ihrer Seele bekommt, und das ist scheinbar immer ein klein bisschen mehr als das, was gleichmütig hingenommen wird. Zum Wachstum gehört die Auseinandersetzung mit dem, was bedrängt und ängstigt. Die Kinder verlangen geradezu nach aufregenden und gruseligen Märchen, um sich mit Ungelöstem auseinander zu setzen. Die in der Vorstellung auftauchenden Ängste machen Kinder nicht ängstlicher, sondern sie stärken sie im Durchleben. Wenn auch im Grunde genommen kein Volksmärchen schadet, so sind sie doch nicht alle gleich gut geeignet.

- Für vier- bis sechsjährige Kinder wählen wir *kurze Märchen*, bestimmt nicht länger als zehn Minuten, eher kürzere.
- Es ist ratsam, immer *nur ein Märchen* in den Mittelpunkt zu stellen und dieses durch Vor- und Nachbereitung zu vertiefen und mehrere Tage nacheinander zu wiederholen. Die Vorbereitung kann darin bestehen, dass die ErzieherInnen mit den Kindern Tiere beobachten, die in dem ausgewählten Märchen eine Rolle spielen. Wo leben und wie bewegen sich Ameisen oder Enten? Kann ich ihre Laute hören? Wie sehen ihre Wohnungen aus? Die Kinder können sich bewegen wie die Tiere, sich Nester bauen, ihre Stimmen nachahmen, die Jungen füttern und viel anderes mehr.

  Zum sinnlichen Erleben trägt es bei, wenn die ErzieherInnen z.B. einmal einen Spaziergang mit den Kindern im Dunkeln in den Wald machen. Wie findet man seinen Weg? Kann man Tiere hören?

  Oder zum »süßen Brei« mit den Kindern einen Hirsebrei kochen, das Aufquellen beobachten, und ihn schmecken.

  Im Anschluss an das Märchenhören lieben es manche Kinder, ihre Lieblingsstelle daraus oder die Figur, mit der sie sich vermutlich identifizieren, zu malen. Es kann auch immer wieder nachgespielt werden.
- Die Märchen sollten eine *einfach strukturierte Handlung* haben, sie sollten ausgehend von einer Konfliktsituation zu einem guten Ende führen, wie es im »süßen Brei« erzählt wird.
- Die Märchen sollten in *bildhafter Sprache* erzählt sein, weil das die einzige Sprache ist, die die Kinder dieses Alters verstehen. Sie hören ja vor der Einschulung noch fast ausschließlich auf der seelisch-emotionalen Ebene und nicht mit dem Verstand. Logische und rationale Erklärungen gehen an ihnen vorbei, weil sie noch nicht abstrakt denken gelernt haben.
- Die Märchen sollten *weitgehend textgetreu* vorgelesen oder erzählt werden. Viele Eltern und ErzieherInnen machen immer wieder die Erfahrung, dass Kinder bei verändertem Wortlaut protestieren: »Das stimmt nicht! Gestern hast du es so gesagt ...« Der immer gleiche Wortlaut vermittelt den Kindern Sicherheit und lässt aus ihrer Sicht die vorlesende oder erzählende Person glaubwürdig erscheinen. Wenn Eltern und Erzieher heute so und morgen

anders erzählen, sind die Kinder verwirrt, und dieses Gefühl der Unsicherheit lasten die Kinder nicht dem Märchen, sondern dem Erzählenden an.

- Die Märchen sollten nicht nur wortgetreu erzählt werden, es sollte auch auf eine *gute Sprachfassung* der Texte geachtet werden. Die vollständige Ausgabe mit allen 200 Märchen der »Kinder- und Hausmärchen der Brüder Grimm« (abgekürzt KHM) ist immer noch gut für die Kinder geeignet. Manch altertümliche Redewendung befremdet uns vielleicht. Die Kinder lieben Worte und Sprüche, die ihr Verstand noch nicht voll erfassen und erklären kann; es fördert die Vorstellungs- und Einbildungskraft.

- Wenn wir für eine Gruppe erzählen, in der Mädchen und Jungen gemischt sind, sollten wir bei der Auswahl der Märchen darauf achten, dass *einmal ein weiblicher, ein anderes Mal ein männlicher Held im Mittelpunkt des Märchens steht.*

Diese Thesen werden in den einzelnen Kapiteln ausführlich behandelt.

Die Wirkung von Märchen

Kinder erleben sich ständig in der Rolle der Kleinen, Schwachen und Unterlegenen gegenüber den Eltern und ErzieherInnen, eventuell auch bei älteren Geschwistern. Sie wollen ja aber groß werden, selbständig und selbstbestimmt. Aus diesem Grund identifizieren sich die Kinder gern mit Märchenfiguren, die ihrer Erfahrung des Kleinseins entsprechen, die sich aber als den Erwachsenen überlegen erweisen. Die Kinder fühlen sich z.B. eins mit den kleinen Tieren, die durch ihre Winzigkeit den großen überlegen sind, weil sie unbemerkt handeln können. Oder die Kinder schlüpfen in die Rolle des Schneiderleins, der an Kräften dem großen tumben Riesen unterlegen ist, ihn aber durch seine Gewitztheit überlistet.

- Mit der Lust zur *Identifikation* und der Lust zum Spiel können sich Kinder durch Märchen hören, -spielen, -malen auf eine gute Art abreagieren. Dazu ein Beispiel: Eine Vierjährige war auf ihre Mutter böse, weil diese weggegangen war, ohne ihr vor dem Zubettgehen Bescheid gesagt zu haben. Als die Mutter gegen Mitternacht an das Bett der Tochter tritt, wacht das Kind auf und verlangt von der Mutter: »Erzähl mir *Hänsel und Gretel*.« Das tut die Mutter, und als sie erzählt, wie Gretel die Hexe in den Ofen schiebt, sagt das Kind befriedigt: »So, jetzt bist du verbrannt, jetzt kannst du ins Bett gehen.« – Das verbale Abreagieren ist ein wunderbarer Schutz vor zerstörerischer Aggression. Kinder identifizieren sich auch gern einmal mit der Hexe, mit dem Wolf oder mit dem Drachen, um ihre Widersacher in der Phantasie zu bestrafen.

- Die Märchen helfen den Kindern bei der *Angstbewältigung*. Es wird oft gesagt, Märchen machen Angst. Es ist aber erwiesen, dass Kinder, denen aus diesem Grund keine Märchen erzählt wurden, sich verstärkt Gruselgeschichten und Mutproben aussetzen. Angst kann nur bewältigt werden, indem sie durchlebt und durchlitten wird. Die Märchen sparen Versagen, Ungehorsam und Gefahr für ihre Helden nicht aus, aber sie geben ihnen auch die Gewissheit, dass sie Hilfe in der Not erfahren können und dass alles wieder gut werden kann, wenn sie sich mutig und geduldig den Aufgaben stellen. Zur Angstbewältigung hilft die Identifikation mit Märchenheldinnen und Helden, die schwierige Aufgaben lösen müssen, immer wieder versagen, aber am Ende nach durchstandenen Nöten doch an ihr Ziel kommen. Das heißt dann im Bild *König werden* oder *mit der Königstochter Hochzeit feiern* oder *das Wasser des Lebens gewinnen* und anderes mehr.

- Eine vorzügliche Hilfe leisten Märchen bei den Schritten der *Ablösung von den Eltern*. Hierfür kann man alle beliebten Klassiker der Brüder Grimm anführen, von den einfachen bis zu den vielschichtigen Märchen.
  Einfach strukturiert ist das Märchen *Der Wolf und die sieben Geißlein*. Die Mutter ist vorübergehend fort; die Geißlein erleben die scheinbar verschlingende Trennungsangst wie im Bauch des Wolfes. Die Mutter kommt heim und macht alles wieder gut.
  Im Märchen vom *Rotkäppchen* geschieht die Handlung an verschiedenen Orten. Die Mutter schickt die Tochter mit einem Auftrag fort. Der Jäger, eine Vaterfigur, kommt dazu und wird zum

Helfer. Bei *Hänsel und Gretel* werden die Kinder ausgestoßen. Sie lernen, sich selbst zu helfen.

Im *Eisenhans* ist der Königssohn ungehorsam, er verbannt sich sozusagen selbst in den Wald und muss eine lange Zeit dienen, bis er ein reicher König wird.

- *Unterscheidungsfähigkeit* lernen die Kinder durch die krasse schwarz-weiß-Darstellung von bösen und guten Figuren, man könnte auch sagen: durch egoistisches, selbstsüchtiges Handeln und durch vorbildliches Handeln, das andere Wesen mit berücksichtigt. Dabei ist es hilfreich, sich immer wieder zu vergegenwärtigen, dass die Kinder die guten und bösen Figuren als eigene Anteile ihrer selbst erleben.

- Schließlich bewirken die Märchen bei den Kindern, dass sie *Lebenszuversicht* gewinnen. Mit den Heldinnen und Helden haben sie beim Hören, Spielen und Malen alle Höhen und Tiefen miterlebt, um am Ende reich und glücklich zu werden. Das Glück bleibt im Leben nicht dauernd erhalten, das wissen wir. Aber das Muster des gelingenden Lebens im Märchen schafft Sicherheit und Zuversicht: In bedrohlichen Lagen erscheint Hilfe, wenn ich mutig weitergehe; die Wesen, denen ich begegne und helfe, werden zu meinen Helfern in der Not; selbst wenn ich meinem Helfer untreu werde oder seinen Rat nicht befolge, werden die Prüfungen zwar härter, aber er lässt mich nicht im Stich; ich kann vertrauen, dass nach einer Zeit des Dienens eine Zeit der Herrschaft kommt, das ist das Bild des Königs.

Ein vielgeliebtes, einfach strukturiertes Märchen für die Kleinen ist:

Die drei kleinen Hühnchen

*E*s waren einmal drei kleine Hühnchen, ein weißes, ein schwarzes und ein rotes. Vater und Mutter hatten sie aus dem Haus gejagt. Nachdem sie eine Weile geweint hatten, sagten sie zueinander: »Was sollen wir machen?« Sie gingen auf Abenteuer aus und wanderten weit, weit fort. Nachdem sie eine Zeitlang gewandert waren, fanden sie einen großen Steinhau-

fen. Sie machten halt und sagten zueinander: »Sollen wir mit diesen Steinen eine kleine Hütte bauen?« Gesagt, getan; sie machten sich an die Arbeit. Als die Hütte fertig war, sagte das rote Hühnchen, welches das schlauste war: »Ich will versuchen, ob die Tür gut schließt!« Es schloss sich ein und wollte den andern nicht öffnen. Das schwarze und das weiße Hühnchen sahen, dass hier auf keine Barmherzigkeit zu hoffen sei und gingen weiter. Sie fanden einen anderen Steinhaufen und sagten zueinander: »Sollen wir uns eine kleine Hütte bauen?« Gesagt, getan; sie machten sich an die Arbeit. Als die Hütte fertig war, sagte das schwarze: »Ich will versuchen, ob die Tür gut schließt!« Es schloss sich ein und wollte dem weißen nicht öffnen. Das arme weiße ging unter Tränen davon; es begann zu laufen, aber das nützte nichts, nirgends fand es etwas. Die Nacht überraschte es, da hielt es inne und weinte. »Was soll nur aus mir werden?« Im gleichen Augenblick bemerkte es eine schöne Frau, welche zu ihm sprach: »Was machst du da, liebes kleines Hühnchen? Warum weinst du?« Das kleine Hühnchen erzählte ihr, was geschehen war. Die schöne Frau aber sagte zu ihm: »Weine nicht mehr, du wirst eine schönere Hütte bekommen als deine Schwestern. Aber höre, was ich dir sage: Wenn jemand kommt und an deine Tür klopft, so darfst du nicht öffnen, denn es könnte der Wolf sein, der dich fressen will.« Mit diesen Worten verschwand die schöne Frau, und an ihrer Stelle stand ein schönes Schloss, da ging das Hühnchen hinein.

Da kam der Wolf zur Hütte des kleinen roten Hühnchens und sagte zu ihm: »Mach mir auf!« Das kleine Hühnchen antwortete: »Nein, nein, nein, du bist der Wolf, du würdest mich fressen.« Der Wolf sagte zu ihm: »Ich werde trampeln und trampeln, bis deine Hütte einbricht!« Das kleine Hühnchen erwiderte: »Du magst trampeln und trampeln, meine Hütte wird nicht einbrechen!« Er trampelte und trampelte, die Hütte brach ein, und der Wolf fraß es.

Dann ging er zur Hütte des kleinen schwarzen Hühnchens und sagte zu ihm: »Kleines Hühnchen, mach mir auf!« – »Nein, nein, nein, du bist der Wolf, du würdest mich fressen!« – »Ich werde trampeln und trampeln, bis deine Hütte einbricht!« – »Du magst trampeln und trampeln, meine Hütte wird nicht einbrechen.« Er trampelte und trampelte, die Hütte brach ein, und der Wolf fraß es.

Nun ging er zum Schlösschen des kleinen weißen Hühnchens und sagte zu ihm: »Kleines Hühnchen, mach mir auf!« – »Nein, nein, nein! Du bist

der Wolf, du würdest mich fressen!« – »Ich werde trampeln und trampeln,
bis dein Schlösschen einbricht.« – »Du magst trampeln und trampeln,
mein Schlösschen, das wird nicht einbrechen.« Der Wolf trampelte, er tram-
pelte und trampelte, aber das Schlösschen, das brach nicht ein, und der
Wolf trampelte sich zu Tode. – Kikeriki – mein Märchen ist aus.

Nach einem Märchen aus Frankreich

Animalische Seelenstruktur

Dieses Märchen ist bei den Vorschulkindern sehr beliebt. Die Erfahrungen, die hier mit den kleinen Hühnchen ins Bild gebracht werden, haben sie alle schon gemacht. Wer könnte nicht nachvollziehen, dass die
Kinder sich spielerisch leicht in der Rolle des kleinen weißen Hühnchens wiedererkennen, das im Schloss wohnen darf und leben bleibt.
Aber warum sind die Akteure Tiere? Könnte nicht auch von Kindern die
Rede sein? Kinder identifizieren sich besonders gern mit Tieren. Das
liegt wohl daran, dass sie nach Carl Gustav Jung noch eine animalische
Seelenstruktur besitzen. Sie sind sich, wie die Tiere, noch nicht ihrer
selbst bewusst. Wir sagen zu kleinen Kindern ja gern »du kleiner Frosch«
oder »du bist ein Ferkel« oder »mein kleiner Floh« oder »mein Spatz«
und anderes mehr.

Ablösung vom Elternhaus

Am Anfang steht die Ablösung von den Eltern. Es heißt fast rau »Vater
und Mutter hatten sie aus dem Haus gejagt«, und wir sind geneigt zu
sagen: »So etwas tun Eltern doch nicht!« Aber dann missverstehen wir
die Bildsprache. Jedes Kind fühlt sich bei gewissen Eingrenzungen oder
Verboten von Vater und Mutter »fortgejagt«. Es kann ja gar nicht anders
sein, als dass die Eltern dem heranwachsenden Kind Grenzen aufzeigen,
ihm nicht mehr jeden Wunsch erfüllen – das ist für das Kind wie eine
Austreibung aus dem Paradies. Es reagiert mit der selbstmitleidigen Frage: »Was soll ich nur machen?«, mobilisiert dann den eigenen Unterneh-

mungsgeist und geht »weit, weit fort«, setzt sich innerlich von den Eltern ab. Tröstlich ist zuerst, dass man zu dritt ist, das rote, schwarze und weiße Hühnchen bauen gemeinsam ein Häuschen.

Hühner kennen die meisten Kinder aus eigener Anschauung und eigenem Erleben. Haben die Farben schwarz, rot und weiß eine Bedeutung? Ich nehme zum Märchenerzählen meistens meine Leier mit, ein Instrument mit 35 Saiten, das ähnlich klingt wie eine Harfe. Wenn ich das Märchen mit den drei verschieden farbigen Hühnern ankündige, fordere ich die Kinder auf, ihnen Töne zuzuordnen. Der tiefste Ton gehört zum schwarzen, der mittlere zum roten, der strahlend helle zum weißen Hühnchen. Es ist selten, dass sich Kinder anders entscheiden. Die Tonskala mit ihren Höhen und Tiefen scheint in der menschlichen Seele den Farben entsprechende Vorstellungen auszulösen. Für den Wolf lasse ich einen besonders tiefen Ton erklingen, die Kinder raten, welchem Tier er zugehören könnte – oft fällt ihnen der Wolf ein, manchmal auch Bär oder Drache. Vom roten Hühnchen wird gesagt, dass es das schlauste sei: rot wirkt auf den Menschen aktivierend, manchmal herausfordernd und aggressiv. Also lasse ich das rote Hühnchen mutig – kess sprechen. Schwarz ist keine »Kinderfarbe«, die Erwachsenen kennen sie als Farbe der Trauer. Das schwarze Hühnchen lasse ich zögerlich und ängstlich sprechen. Und das weiße? Von ihm wird zunächst erzählt, dass es furchtsam ist, weint »Was soll nur aus mir werden?« Weiß – Farbe des Nichts oder des Alles? Es ist bekannt, dass durch bunte Farben zusammen weiß entstehen kann. Also könnten wir sagen, das weiße Hühnchen ist »das unbeschriebene Blatt«, das arglose Wesen, das sich übertölpeln lässt. Aber dadurch ist es auch dasjenige, das Hilfe braucht und annehmen kann. Es ist aufnahmefähig und empfänglich für den Rat der »schönen Frau«, der ihm Sicherheit gibt gegenüber dem Wolf: nicht kess, nicht ängstlich, sondern gestärkt und voller Gewissheit.

Die Erfahrung des Verrates durch Freunde oder Geschwister kennt jedes Kind und fühlt sich wie im Dunkeln: »die Nacht überraschte es«, mitten im *Wald*, im Ausweglosen, es kann nichts als innehalten und weinen. Wenn es gar nicht mehr weiterzugehen scheint, taucht oft unvermutet Hilfe auf. Die beiden egoistischen Hühnerschwestern haben eine dem *Wolf* nicht standhaltende Hütte bezogen. Gebäude sind im Märchen auch ein Bild für den eigenen Leib oder auch das Wesen des Menschen: Eine

Märchen im Kindergarten

Hütte wird leicht niedergetrampelt, ein Schloss hält stand, denn im Schloss regiert der Herrscher. *Der König im Schloss* ist ein Bild für den selbstbewussten, sich selbstbeherrschenden Menschen.

Diese Bilder sind wunderbar gewählt, um dem Kind sein In-der-Welt-sein vorzuführen: Nach der Abhängigkeit von den fürsorglichen Eltern kommt die Zeit der Ablösung. Kameradschaft erweist sich nicht immer als tragfähig, jeder Mensch kennt Phasen des Verlassenseins. Die helfende Kraft tritt im Märchen als *schöne Frau* auf, geheimnisvoll und schön, mehr lässt sich über Retter in der Not nicht sagen. Gestärkt als Bewohner eines Schlösschens kann man dem Angst machenden Verschlinger oder der verschlingenden Angst entgegentreten. Die zuhörenden Kinder trampeln mit Wonne, in der Meinung sie trampeln den Wolf tot, und fühlen sich getröstet. Sie finden es auch in Ordnung, dass das rote und das schwarze Hühnchen gefressen werden. Wir sollten als Erzähler kein falsches Mitleid mit solchen Verrätern haben, die auch in uns wohnen als schlaue und nur an sich denkende Anteile unserer selbst. Das Märchen erhebt nicht den moralischen Zeigefinger, aber es schildert deutlich wie es uns geht, wenn wir so oder so handeln.

Wie sehr die Kinder im Vorschulalter sich mit den Figuren dieses Märchens identifizieren, zeigt ihr Verhalten während des Erzählens. Es kommt vor, dass Kindern die Tränen über die Wangen rollen, wenn von dem verlassenen weißen Hühnchen erzählt wird. Und wenn der Wolf vor dem Schlösschen auftaucht und trampelt, schütteln sie beschwörend den Kopf, während sie den Wolf anschließend mit Erleichterung und Genugtuung zu Tode trampeln. Die Trennung von den Eltern bewältigt, wer nicht eigenwillig und egoistisch handelt. Furcht wird nicht bestraft, Zuspruch darf angenommen werden von einer unerklärlichen »schönen« Macht. Sie gibt Sicherheit und Selbstvertrauen, »ein Schlösschen«, und macht zum Leben tauglich. Davon wird auch im Märchen *Die Bienenkönigin* (KHM 62) erzählt.

Sensibilität des Dummlings

Die Bienenkönigin gehört zu den so genannten Dummlingsmärchen, die für Kinder im Vorschulalter von besonderem Wert sind. Meist hat der Dummling zwei ältere Brüder, die viel schlauer sind als er. Aber er ist derjenige, der auf die Tiere am Wege Acht gibt, sie schützt oder ihnen hilft. Wenn er dann eine schwierige Aufgabe zu lösen hat, bei der die »schlauen« Brüder schon versagt haben, kommen ihm die Tiere zu Hilfe. Ist es ein Zufall oder weise gefügt, dass in der *Bienenkönigin* die helfenden Tiere mit den Elementen Erde (die Ameise), Wasser (die Enten), Luft und Sonne (die Bienen) verbunden sind? Der Dummling zeichnet sich durch Sensibilität, Ausdauer, Hilfsbereitschaft und versteckte Weisheit aus. Er heiratet die Königstochter und wird schließlich König. Er verhält sich genau so, wie es unsere Welt nötig hat. Das ist in den Märchen aber ganz unaufdringlich erzählt und gerade dadurch geeignet, die Seelen der Kinder zu erreichen und zu stärken. »Schön sollen die Märchen sein«: Verlässlichkeit, Sicherheit, Vertrauen, Geborgenheit sollen sie vermitteln.

Die Bienenkönigin

Zwei Königssöhne gingen einmal auf Abenteuer und gerieten in ein wildes, wüstes Leben, so dass sie gar nicht wieder nach Haus kamen. Der jüngste, welcher der Dummling hieß, machte sich auf und suchte seine Brüder; aber wie er sie endlich fand, verspotteten sie ihn, dass er mit seiner Einfalt sich durch die Welt schlagen wollte, und sie zwei könnten nicht durchkommen, und wären doch viel klüger. Sie zogen alle drei miteinander fort und kamen an einen Ameisenhaufen. Die zwei ältesten wollten ihn aufwühlen und sehen, wie die kleinen Ameisen in der Angst herumkröchen und ihre Eier forttrügen, aber der Dummling sagte:«Lasst die Tiere in Frieden, ich leid's nicht, dass ihr sie stört.« Da gingen sie weiter und kamen an einen See, auf dem schwammen viele, viele Enten. Die zwei Brüder wollten ein paar fangen und braten, aber der Dummling ließ es nicht zu und sprach: »Lasst die Tiere in Frieden, ich leid's nicht, dass ihr sie tötet.« Endlich kamen sie an ein Bienennest, darin war soviel Honig, dass er am Stamm herunterlief. Die zwei wollten Feuer unter den Baum legen und die Bienen ersticken, damit sie den Honig wegnehmen könnten. Der Dummling aber hielt sie wieder ab und sprach:«Lasst die Tiere in Frieden, ich leid's nicht, dass ihr sie verbrennt.« Endlich kamen die drei Brüder in ein Schloss, wo in den Ställen lauter steinerne Pferde standen, auch war kein Mensch zu sehen, und sie gingen durch alle Säle, bis sie vor eine Tür ganz am Ende kamen, davor hingen drei Schlösser; es war aber mitten in der Türe ein Lädlein, dadurch konnte man in die Stube sehen. Da sahen sie ein graues Männchen, das an einem Tisch saß. Sie riefen es an, einmal, zweimal, aber es hörte nicht; endlich riefen sie zum dritten Mal, da stand es auf, öffnete die Schlösser und kam heraus. Es sprach aber kein Wort, sondern führte sie zu einem reich besetzten Tisch; und als sie gegessen und getrunken hatten, brachte es einen jeglichen in sein eigenes Schlafgemach. Am andern Morgen kam das graue Männchen zu dem ältesten, winkte und leitete ihn zu einer steinernen Tafel, darauf standen drei Aufgaben geschrieben, wodurch das Schloss erlöst werden könnte. Die erste war, in dem Wald unter dem Moos lagen die Perlen der Königstochter, tausend an der Zahl, die mussten aufgesucht werden, und wenn vor Sonnenuntergang noch eine einzige fehlte, so ward der, welcher gesucht hatte, zu Stein. Der Älteste ging hin und suchte den ganzen Tag, als aber der Tag zu Ende war, hatte er erst hundert gefunden; es geschah, wie auf der Tafel stand, er ward in Stein verwandelt. Am folgenden Tag unternahm der zweite Bruder das Abenteuer; es ging ihm aber nicht viel besser als dem ältesten, er fand nicht mehr als zweihundert Perlen und ward zu Stein. Endlich kam auch an den Dummling die Reihe, der suchte im Moos, es war aber so schwer, die Perlen zu finden, und ging so langsam. Da setzte er sich auf einen Stein und weinte. Und wie er so saß, kam der Ameisenkönig, dem er einmal das Leben erhalten hatte, mit fünftausend Ameisen, und es währte gar nicht lange, so hatten die kleinen Tiere die Perlen miteinander gefunden und auf einen Haufen getragen. Die zweite Aufgabe aber war, den Schlüssel zu der Schlafkammer der Königstochter aus der See zu holen. Wie der Dummling zur See kam, schwammen die Enten, die er einmal gerettet hatte, heran, tauchten unter und holten den Schlüssel aus der Tiefe. Die dritte Aufgabe aber war die schwerste, aus den drei schlafenden Töchtern des Königs sollte die jüngste und die liebste herausgesucht werden. Sie glichen sich aber vollkommen, und waren durch nichts verschieden, als dass sie, bevor sie eingeschlafen waren, verschiedene Süßigkeiten gegessen hatten, die älteste ein Stück Zucker, die zweite ein wenig Sirup, die jüngste einen Löffel voll Honig. Da kam die Bienenkönigin von den Bienen, die der Dummling vor dem

Feuer geschützt hatte, und versuchte den Mund von allen dreien, zuletzt blieb sie auf dem Mund sitzen, der Honig gegessen hatte, und so erkannte der Königssohn die Rechte. Da war der Zauber vorbei, alles war aus dem Schlaf erlöst, und wer von Stein war, erhielt seine menschliche Gestalt wieder. Und der Dummling vermählte sich mit der jüngsten und liebsten, und ward König nach ihres Vaters Tod; seine zwei Brüder aber erhielten die beiden andern Schwestern.

Eigene Wege gehen

Märchen in der Grundschule

Wollen Kinder überhaupt noch Märchen hören, wenn sie selbst lesen können? In den ersten beiden Grundschuljahren antworten die Kinder fast ausnahmslos begeistert mit »Ja!« In der dritten und vierten Klasse fühlen sich einige Kinder doch schon zu groß dafür und sagen: »Na ja, manchmal, aber spannend müssen sie sein.« Oder: »Besser wär'n Krimi.« Gerade diese Kinder sind hinterher begeistert von den »klasse Geschichten« – aber dem Alter gemäße müssen es sein.

Die Kinder machen in den Jahren von sechs bis zehn eine bedeutsame Entwicklung durch. Wir wollen sie in zwei Gruppen anschauen: Die ersten und zweiten Klassen und die dritten und vierten Klassen. Wenn die Kinder eingeschult worden sind, haben sie einen großen Schritt getan. Bisher waren sie auf das behütende Elternhaus und den umsorgenden Kindergarten beschränkt. Jetzt fangen sie an, den Weg zur Schule allein zu gehen, nicht mehr geführt und begleitet. Sie nehmen Bezug zu verschiedenen Lehrern auf, sie übernehmen Pflichten. Nicht alle Kinder tun diesen Schritt freudig und leicht, manche erleben ihn als eine schmerzliche Trennung oder auch mit gemischten Gefühlen, einerseits froh über neu gewonnene Selbständigkeit, andererseits ängstlich vor dem unbekannten Neuen. Auch Eltern reagieren auf diese neue Situation unterschiedlich: die Kinder dankbar und froh zu den neuen Erfahrungen entlassend oder sie hemmend durch übermäßige Fürsorge.

Hilfe finden aus eigener Kraft

Für die Sechs- bis Achtjährigen wählen wir Märchen aus, in denen einmal ein männlicher und einmal ein weiblicher Held im Mittelpunkt stehen. In der Erziehung werden Mädchen und Jungen zwar heute weitgehend gleich behandelt, es zeigt sich aber, dass sie dennoch unterschiedliche Verhaltensmuster, Neigungen und Vorlieben zeigen. So wählen sie auch gern bestimmte Märchentypen mit weiblichen oder männlichen Helden.

Das Märchen von Rapunzel spricht besonders die Mädchen in den ersten Grundschuljahren an, aber auch Jungen hören es gern und wünschen es sich immer wieder. Was interessiert die Kinder daran? Wir befragen sie nicht, das Wesentliche können sie in Worten gar nicht ausdrücken. Aber wir können sie anregen, Bilder zu dem gehörten Märchen zu malen oder es in der Gruppe zu spielen. Aus Rollenwahl und den gemalten Figuren können wir Rückschlüsse ziehen, wie sich die Kinder erleben. Manchmal äußern sie sich auch verbal und lassen uns dadurch ihre Neigungen und Abneigungen, Freuden und Ängste erkennen.

Das Rapunzel-Märchen ist den meisten Menschen bekannt und kann sonst in der Sammlung der Brüder Grimm unter der Nummer 12 nachgelesen werden. Eine kurze Erinnerung an den Ablauf soll hier genügen: Eltern wünschen sich sehnlichst ein Kind. Während die Frau es erwartet, verspürt sie große Lust auf die Rapunzelpflanzen aus dem Garten einer Zauberin. Der Mann holt ihr davon, wird aber beim zweiten Mal von der Zauberin überrascht und muss ihr für seinen Frevel das Kind versprechen. Sie bringt es in den Wald in einen Turm, der keine Tür hat. Wenn die Zauberin zu ihr will, lässt Rapunzel ihre langen Haare durch ein Fenster herabfallen, an denen die Zauberin hinaufklettert. Das sieht eines Tages der Königssohn, der durch Rapunzels lieblichen Gesang angelockt wird. Er kommt später wieder, sagt die Worte der Zauberin, kommt so in den Turm und gewinnt Rapunzels Liebe. Rapunzel verrät der Zauberin arglos des Prinzen Dasein, darauf schneidet diese ihr die langen Haare ab und verbannt sie in eine Wüste. Als der Königssohn kommt, lässt die Zauberin ihn an den am Fensterhaken befestigten Haaren in den Turm steigen, aber als er sie sieht, stürzt er sich vor Kummer hinunter, dabei stechen ihm Dornen die Augen aus. Er irrt blind umher, und eines Tages hört er Gesang, er nähert sich der Stimme: Es ist Rapunzel, die inzwischen Zwillinge geboren hat. Sie weint vor Freude und benetzt die Augen des Königssohnes mit ihren Tränen. Da wird er wieder sehend und führt sie in sein Reich.

Was Kinder besonders an diesem Märchen fesselt, können wir letztlich nicht wissen, aber wir kennen die Erfahrungen, die jeder Mensch in seinem Leben macht: Er will ersehnt, gewünscht und von den Eltern liebevoll empfangen und gehalten werden. Das ist die Ausgangssituation im Märchen. Mutter und Vater haben aber ihrerseits auch Wünsche und Ängste. Dadurch wird eine anfangs erhoffte Situation gestört. Das Kind erfährt, dass es »versprochen« wird. Ganz schlicht gesehen kommt für jedes Kind der Moment, da seine Wünsche nicht mehr von den Eltern erfüllt werden (können), es fühlt sich wie in einen Wald verbannt und wie in einen Turm verschlossen. Das Kind, hier ein Mädchen, kann den Kontakt zur Außenwelt aus eigener Kraft, mit den langen Haaren, aufnehmen. Es wird von Erwachsenen immer wieder bestätigt, dass sie als Kind einen schmerzvollen Verlust erlebt haben, wenn ihnen, oft gegen ihren Willen, die Haare abgeschnitten wurden. Die Begegnung mit dem anderen Geschlecht, mit dem Fremden, will die Elterngeneration hinauszögern oder verhindern. Die Zauberin können wir als den festhaltenden, bewahren wollenden Teil der Mutter ansehen. Aber die Begegnung mit dem anderen Geschlecht geschieht dennoch, es erwächst neues Leben daraus. Rapunzel ist es, die die Situation meistert. Sie sorgt für die Befreiung aus dem Turm vor. Sie ist fähig, in der Wüstenei neues Leben zu gebären und dabei zu singen. Der Königssohn ist schon vor seiner ausdrücklich erwähnten Erblindung nicht »sehend«, einfallsreich und aktiv. So ist es kein Wunder, dass er keinen Ausweg »sieht« und blind umherirrt. Es ist ein schönes Bild, dass Freudentränen wie Lebenswasser dem geliebten Menschen eine neue Sicht auf das Leben möglich machen.

Wir sind versucht zu sagen, dass diese Erfahrungen weit über das hinausgehen, was sechs- und siebenjährige Kinder verstehen können. Und doch zeigt es sich immer wieder, dass sie dieses Märchen wünschen und gern hören, vielleicht wie eine Ahnung dessen, was das Leben ihnen bringen und abverlangen wird. Das Märchen schafft Zuversicht und spricht Mut zu, in einer Situation des Gefangenseins auf eigene Kräfte und Einfälle zu vertrauen. Wer »singt«, findet einen Partner, findet ihn wieder; wer den Hilflosen liebevoll umarmt, öffnet Augen, so dass das Königreich gefunden wird, ein Bild für den reifen Menschen. Mit diesen Andeutungen ist das Märchen natürlich nicht ausgeschöpft, das soll und kann es auch nicht. Die Märchen sind nie eindeutig, sondern immer vieldeutig und unausdeutbar. Das macht sie so wert- und wirkungsvoll.

Widerspenstig sein dürfen

Ein anderes gern gehörtes Märchen für dieses Alter ist *Das Meerhäschen* (KHM 191), in dem von einer stolzen Königstochter erzählt wird, die ihren Freiern Aufgaben stellt. Wer sie lösen kann, soll sie zur Frau bekommen.

Wie ist eine Königstochter, die – im Bild gesprochen – alles sieht, was über und unter der Erde ist? Sie muss sehr klug sein, so klug, dass sie allen Konkurrenten überlegen ist. Wir verstehen, dass sie sich nach einem Partner sehnt, der ihr ebenbürtig ist. Sie wohnt im Schloss, mit einem Blick von ganz oben, und dann kommt nach vielen vergeblichen Versuchen einer, der auf der Erde bleibt mit seinen Vorstellungen und Versuchen. Er erbittet Bedenkzeit und Aufschub, macht sich auf den Weg, bleibt nicht im unmittelbaren Bannkreis des Schlosses hocken, geht sensibel auf die Tiere ein, die ihn aus dem Luft-, dem Wasser- und dem Erdbereich heraus anrufen, das heißt, er hat Kontakt zur Natur, zu den Elementen und den Tieren, die sie vertreten. So phantastisch es auch anmuten mag, dass ein Jüngling in ein Rabenei verschlossen wird, es ist doch ein schönes Bild für den Rückzug auf Ursprüngliches. Das verschlungen werden (nicht gefressen werden) im Fischbauch erinnert an die biblische Geschichte von Jona im Wal. Dort war gleichsam eine Besinnungszeit nötig, um für den ihm erteilten Auftrag bereit zu werden. Der Fuchs ist uns als listig und klug bekannt. Er hat in diesem Märchen die Funktion, den Helden durch das Untertauchen im Quellwasser wie neugeboren und verwandelt hervorkommen zu lassen. Es erinnert an den alten Taufritus, bei dem der Täufling solange unter Wasser gehalten wurde, dass er seinen Tod zu erleben meinte und wirklich wie zu neuem Leben geboren wurde. Der Jüngling wird zum Meerhäschen: Wir müssen gar nicht wissen, wie dieses Tier wohl aussieht. Sein Name deutet darauf hin, dass es ein Wesen ist, dem Wasser und Erde gleichermaßen vertraut sind. Jedenfalls hat das Meerhäschen die Fähigkeit, genau den blinden Fleck der Königstochter zu erkennen, das Versteck unter ihrem Zopf. Die Königstochter schaut nach vorn, nach außen, das Versteck an ihr, hinter ihr nimmt sie nicht wahr, das Nächstliegende ist ihr das Fernste. Der Jüngling wird fast schon ein Teil ihrer selbst, und das erkennt sie nicht. Er erweist sich als ihr gleichwertig.

Von nun an ist sie bereit, sich zu ergeben, sie hat ihren Partner anerkannt.

Auf die Kinder wirkt es offensichtlich wohltuend, dass man selbstbewusst und stolz sein darf, bis der rechte Freund oder Partner sich zeigt. Es lohnt sich, auf die Natur und ihre Kreaturen zu hören, da sie uns mit ihren Gaben in unserer Not zu Hilfe kommen können. Mit überzogen feministischen oder selbstherrlichen Argumenten wird von einigen Erwachsenen der Schluss nicht gern gehört, in dem die Königstochter sich stillschweigend »in ihr Schicksal« ergibt. Ist es nicht eher ein sich endlich einordnen können in eine neue möglich gewordene Gemeinschaft, eine Bereitschaft zur Ergänzung? Dieses Märchen, wie so viele andere, ließe sich weitererzählen, jeder Schluss ist nur ein vorläufiger und der Beginn zu einem neuen Anfang.

Erfahrung des Ungehorsams

Für die dritten und vierten Klassen soll hier *Der Eisenhans* (KHM 136) stehen. Es ist offenbar *das* Märchen, das acht- bis zehnjährige Kinder brauchen.

Der Eisenhans

*E*s war einmal ein König, der hatte einen großen Wald bei seinem Schloss, darin lief Wild aller Art herum. Zu einer Zeit schickte er einen Jäger hinaus, der sollte ein Reh schießen, aber er kam nicht wieder. »Vielleicht ist ihm ein Unglück zugestoßen« sagte der König und schickte am folgenden Tag zwei Jäger hinaus, die sollten ihn aufsuchen, aber die blieben auch weg. Da ließ er am dritten Tag alle seine Jäger kommen und sprach: »Streift durch den ganzen Wald und lasst nicht ab, bis ihr sie alle drei gefunden habt.« Aber auch von diesen kam keiner wieder heim, und von der Meute Hunde, die sie mitgenommen hatten, ließ sich keiner wieder sehen. Von der Zeit an wollte sich niemand mehr in den Wald wagen, und er lag in tiefer Stille und Einsamkeit, und man sah nur zuweilen einen Adler oder Habicht darüber hinfliegen.*

Das dauerte viele Jahre; da meldete sich ein fremder Jäger bei dem König, der suchte eine Versorgung und erbot sich, in den gefährlichen Wald zu gehen. Der König aber wollte seine Einwilligung nicht geben und sprach: »Es ist nicht geheuer darin, ich fürchte, es geht dir nicht besser als den andern, und du kommst nicht wieder heraus.« Der Jäger antwortete: »Herr, ich will's auf meine Gefahr wagen: Von Furcht weiß ich nichts.«

Der Jäger begab sich also mit seinem Hund in den Wald. Es dauerte nicht lange, so geriet der Hund einem Wild auf die Fährte und wollte hinter ihm her: kaum aber war er ein paar Schritte gelaufen, so stand er vor einem tiefen Pfuhl und konnte nicht weiter. Ein nackter Arm streckte sich aus dem Wasser, packte ihn und zog ihn hinab. Als der Jäger das sah, ging er zurück und holte drei Männer, die mussten mit Eimern kommen und das Wasser ausschöpfen. Als sie auf den Grund sehen konnten, so lag da ein wilder Mann, der braun am Leib war wie rostiges Eisen und dem die Haare über das Gesicht bis zu den Knien herabhingen. Sie banden ihn mit Stricken und führten ihn in das Schloss. Da war große Verwunderung über den wilden Mann, der König ließ ihn in einen eisernen Käfig auf seinen Hof setzen und verbot bei Lebensstrafe, die Türe des Käfigs zu öffnen, und die Königin selbst musste den Schlüssel in Verwahrung nehmen. Von nun an konnte ein jeder wieder mit Sicherheit in den Wald gehen.

Der König hatte einen Sohn von acht Jahren, der spielte einmal auf dem Hof, und bei dem Spiel fiel ihm sein goldener Ball in den Käfig. Der Knabe lief hin und sprach: »Gib mir meinen Ball heraus.« – »Nicht eher« antwortete der Mann, »als bis du mir die Türe aufgemacht hast.« – »Nein«, sagte der Knabe, »das tue ich nicht, das hat der König verboten«, und lief fort. Am andern Tag kam er wieder und forderte seinen Ball: Der wilde Mann sagte: »Öffne meine Türe«, aber der Knabe wollte nicht. Am dritten Tag war der König auf die Jagd geritten, da kam der Knabe nochmals und sagte: »Wenn ich auch wollte, ich kann die Türe nicht öffnen, ich habe den Schlüssel nicht.« Da sprach der wilde Mann: »Er liegt unter dem Kopfkissen deiner Mutter, da kannst du ihn holen.« Der Knabe, der seinen Ball wiederhaben wollte, schlug alle Bedenken in den Wind und brachte den Schlüssel herbei. Die Türe ging schwer auf, und der Knabe klemmte sich den Finger. Als sie offen war, trat der wilde Mann heraus, gab ihm den goldenen Ball und eilte hinweg. Dem Knaben war angst geworden, er schrie und rief ihm nach: »Ach, wilder Mann, geh nicht fort, sonst bekomme ich Schläge.« Der wilde Mann kehrte um, hob ihn auf, setzte ihn auf seinen Nacken und ging mit schnellen Schritten in den Wald hinein.

Als der König heimkam, bemerkte er den leeren Käfig und fragte die Königin, wie das zugegangen wäre. Sie wusste nichts davon, suchte den Schlüssel, aber er war weg. Sie rief den Knaben, aber niemand antwortete. Der König schickte Leute aus, die ihn auf dem Felde suchen sollten, aber sie fanden ihn nicht. Da konnte er leicht erraten, was geschehen war, und es herrschte große Trauer an dem königlichen Hof.

Als der wilde Mann wieder in dem finstern Wald angelangt war, so setzte er den Knaben von den Schultern herab und sprach zu ihm: »Vater und Mutter siehst du nicht wieder, aber ich will dich bei mir behalten, denn du hast mich befreit, und ich habe Mitleid mit dir. Wenn du alles tust, was ich dir sage, so sollst du's gut haben. Schätze und Gold habe ich genug und mehr als jemand in der Welt.« Er machte dem Knaben ein Lager von Moos, auf dem er einschlief, und am andern Morgen führte ihn der Mann zu einem Brunnen und sprach: »Siehst du, der Goldbrunnen ist hell und klar wie Kristall: Du sollst dabeisitzen und Acht haben, dass nichts hineinfällt, sonst ist er entehrt. Jeden Abend komme ich und sehe, ob du mein Gebot befolgt hast.« Der Knabe setzte sich an den Rand des Brunnens, sah, wie manchmal ein goldener Fisch, manchmal eine goldene Schlange sich darin zeigte, und hatte Acht, dass nichts hineinfiel. Als er so saß, schmerzte ihn einmal der Finger so heftig, dass er ihn unwillkürlich in das Wasser steckte. Er zog ihn schnell wieder heraus, sah aber, dass er ganz vergoldet war, und wie große Mühe er sich gab, das Gold wieder abzuwischen, es war alles vergeblich.

Abends kam der Eisenhans zurück, sah den Knaben an und sprach: »Was ist mit dem Brunnen geschehen?« – »Nichts, nichts«, antwortete er und hielt den Finger auf den Rücken, dass er ihn nicht sehen sollte. Aber der Mann sagte: »Du hast den Finger in das Wasser getaucht: Diesmal mag's hingehen, aber hüte dich, dass du nicht wieder etwas hineinfallen lässt.« Am frühsten Morgen schon saß er bei dem Brunnen und bewachte ihn. Der Finger tat ihm wieder weh, und er fuhr damit über seinen Kopf, da fiel ein Haar herab in den Brunnen. Er nahm es schnell heraus, aber es war schon ganz vergoldet. Der Eisenhans kam und wusste schon, was geschehen war. »Du hast ein Haar in den Brunnen fallen lassen«, sagte er, »ich will dir's noch einmal nachsehen, aber wenn's zum dritten Mal geschieht, so ist der Brunnen entehrt und du kannst nicht länger bei mir bleiben«. Am dritten Tag saß der Knabe am Brunnen und bewegte den Finger nicht, wenn er ihm noch so weh tat. Aber die Zeit ward ihm lang, und er betrachtete sein Angesicht, das da auf dem Wasserspiegel stand. Und als er sich dabei immer mehr beugte und sich recht in die Augen sehen wollte, da fielen ihm seine langen Haare herab in das Wasser. Er richtete sich schnell in die Höhe, aber das ganze Haupthaar war schon vergoldet und glänzte wie eine Sonne. Ihr könnt denken, wie der arme Knabe erschrak. Er nahm sein Taschentuch und band es um den Kopf, damit es der Mann nicht sehen sollte. Als er kam, wusste er schon alles und sprach: »Binde das Tuch auf.« Da quollen die goldenen Haare hervor, und der Knabe mochte sich entschuldigen, wie er wollte, es half ihm nichts. »Du hast die Probe nicht bestanden und kannst nicht länger hier bleiben. Geh hinaus in die Welt, da wirst du erfahren, wie die Armut tut. Aber weil du kein böses Herz hast und ich's gut mit dir meine, so will ich dir eins erlauben: Wenn du in Not gerätst, so geh zu dem Wald und rufe Eisenhans, dann will ich kommen und dir helfen. Meine Macht ist groß, größer als du denkst, und Gold und Silber habe ich im Überfluss.«

Da verließ der Königssohn den Wald und ging über gebahnte und ungebahnte Wege immerzu, bis er zuletzt in eine große Stadt kam. Er suchte Arbeit, aber er konnte keine finden und hatte auch nichts erlernt, womit er sich hätte forthelfen können. Endlich ging er in das Schloss und fragte, ob sie ihn behalten wollten. Die Hofleute wussten nicht, wozu sie ihn brauchen sollten, aber sie hatten Gefallen an ihm und hießen ihn bleiben. Zuletzt nahm ihn der Koch in Dienst und sagte, er könnte Holz und Wasser tragen und die Asche zusammenkehren. Einmal, als gerade kein anderer zur Hand war, hieß ihn der Koch die Speisen zur königlichen Tafel tragen; da er aber seine goldenen Haare nicht wollte sehen lassen, so behielt er sein Hütchen auf. Dem König war so etwas noch nicht vorgekommen, und er sprach: »Wenn du zur königlichen Tafel kommst, musst du deinen Hut abziehen.« – »Ach, Herr«, antwortete er, »ich kann nicht, ich habe einen bösen Grind auf dem Kopf.«

Da ließ der König den Koch herbeirufen, schalt ihn und fragte, wie er einen solchen Jungen hätte in seinen Dienst nehmen können; er sollte ihn gleich fortjagen. Der Koch aber hatte Mitleid mit ihm und vertauschte ihn mit dem Gärtnerjungen.

Nun musste der Junge im Garten pflanzen und gießen, hacken und graben und Wind und böses Wetter über sich ergehen lassen. Einmal im Sommer, als er allein im Garten arbeitete, war der Tag so heiß, dass er sein Hütchen abnahm und die Luft ihn kühlen sollte. Wie die Sonne auf das Haar schien, glitzte und blitzte es, dass die Strahlen in das Zimmer der Königstochter fielen, sie sprang auf, um zu sehen, was das wäre. Da erblickte sie den Jungen und rief ihn an: »Junge, bring mir einen Blumenstrauß.« Er setzte in aller Eile sein Hütchen auf, brach wilde Feldblumen ab und band sie zusammen. Als er damit die Treppe hinaufstieg, begegnete ihm der Gärtner, der sprach: »Wie kannst du der Königstochter einen Strauß von schlechten Blumen bringen? Geschwind, hole andere und suche die schönsten und seltensten aus.« – »Ach nein«, antwortete der Junge, »die wilden riechen kräftiger, sie werden ihr besser gefallen.« Als er in ihr Zimmer kam, sprach die Königstochter: »Nimm dein Hütchen ab, es ziemt sich nicht, dass du es vor mir aufbehältst.« Er antwortete wieder: »Ich darf nicht, ich habe einen grindigen Kopf.« Sie griff aber nach dem Hütchen und zog es ab, da rollten seine goldenen Haare auf die Schultern herab, dass es prächtig anzusehen war. Er wollte fortspringen, aber sie hielt ihn am Arm und gab ihm eine Handvoll Dukaten. Er ging damit fort, achtete aber des Goldes nicht, sondern brachte es dem Gärtner und sprach: »Ich schenke es deinen Kindern, die können damit spielen.« Den andern Tag rief ihm die Königstochter abermals zu, er solle ihr einen Strauß Feldblumen bringen, und als er damit eintrat, grapste sie gleich nach seinem Hütchen und wollte es ihm wegnehmen, aber er hielt es mit beiden Händen fest. Sie gab ihm wieder eine Handvoll Dukaten, aber er wollte sie nicht behalten und gab sie dem Gärtner zum Spielwerk für seine Kinder. Den dritten Tag ging's nicht anders, sie konnte ihm sein Hütchen nicht wegnehmen, und er wollte ihr Gold nicht.

Nicht lange danach ward das Land mit Krieg überzogen. Der König sammelte sein Volk, er wusste nicht, ob er dem Feind, der ein großes Heer hatte, Widerstand leisten könnte. Da sagte der Gärtnerjunge: »Ich bin herangewachsen, ich will mitziehen, gebt mir nur ein Pferd.« Die andern lachten und sprachen: »Wenn wir fort sind, so suche dir eins: Wir wollen dir eins im Stall lassen.« Als sie ausgezogen waren, ging er in den Stall und zog das Pferd heraus; es war an einem Fuß lahm und hickelte hunkepuus, hunkepuus. Dennoch setzte er sich auf und ritt fort nach dem dunklen Wald. Als er an den Rand desselben gekommen war, rief er dreimal »Eisenhans«, so laut, dass es durch die Bäume schallte. Gleich darauf erschien der wilde Mann und sprach: »Was verlangst du?« – »Ich verlange ein starkes Ross« – »Das sollst du haben und noch mehr, als du verlangst.« Dann ging der wilde Mann in den Wald zurück, und es dauerte nicht lange, so kam ein Stallknecht aus dem Wald und führte ein Ross herbei, das schnaubte aus den Nüstern und war kaum zu bändigen. Und hinterher folgte eine große Schar, ganz in Eisen gerüstet, und ihre Schwerter blitzten in der Sonne. Der Jüngling übergab dem Stallknecht sein dreibeiniges Pferd, bestieg das andere und ritt vor der Schar her. Als er sich dem Kampffeld näherte, war schon ein großer Teil von des Königs Leuten gefallen, und es fehlte nicht viel, so mussten die übrigen weichen. Da jagte der Jüngling mit seiner eisernen Schar heran, fuhr wie ein Wetter über die Feinde und schlug alles nieder, was sich ihm widersetzte. Sie wollten fliehen, aber der Jüngling saß ihnen auf dem Nacken und ließ nicht ab, bis kein Mann mehr gegen ihn antrat. Statt aber zu dem König zurückzukehren, führte er seine Schar auf Umwegen wieder zu dem Wald und rief den Eisenhans heraus. »Was verlangst du?« fragte der wilde Mann. »Nimm dein Ross und deine Schar zurück und gib mir mein dreibeiniges Pferd wieder.« Es geschah alles, was er verlangte, und er ritt auf seinem dreibeinigen Pferd heim. Als der König wieder in sein Schloss kam, ging ihm seine Tochter entgegen und wünschte ihm Glück zu seinem Sieg. »Ich bin es nicht, der den Sieg davongetragen hat«, sprach er, »sondern ein fremder Ritter, der mir mit seiner Schar zu Hilfe kam.« Die Tochter wollte wissen, wer der fremde Ritter wäre, aber der König wusste es nicht und sagte: »Er hat die Feinde verfolgt, und ich habe ihn nicht wiedergesehen.« Sie erkundigte sich bei dem Gärtner nach seinem Jungen, der lachte aber und sprach: »Eben ist er auf seinem dreibeinigen Pferd heimgekommen, und die anderen haben gespottet und gerufen: Da kommt unser Hunkepuus wieder an. Sie fragten auch: Hinter welcher Hecke hast du derweil gele-

gen und geschlafen? Er sprach aber: Ich habe das Beste getan, und ohne mich wäre es schlecht gegangen. Da ward er noch mehr ausgelacht.«

Der König sprach zu seiner Tochter: »Ich will ein großes Fest ansagen lassen, das drei Tage währen soll, und du sollst einen goldenen Apfel werfen: Vielleicht kommt der Unbekannte herbei.« Als das Fest verkündigt war, ging der Jüngling hinaus zu dem Wald und rief den Eisenhans. »Was verlangst du?« fragte er. »Dass ich den goldenen Apfel der Königstochter fange.« – »Es ist so gut, als hättest du ihn schon«, sagte Eisenhans, »du sollst auch eine rote Rüstung dazu haben und auf einem stolzen Fuchs reiten.« Als der Tag kam, sprengte der Jüngling heran, stellte sich unter die Ritter und ward von niemand erkannt. Die Königstochter trat hervor und warf den Rittern einen goldenen Apfel zu, aber keiner fing ihn als er allein; aber sobald er ihn hatte, jagte er davon. Am zweiten Tag hatte ihn Eisenhans als weißen Ritter ausgerüstet und ihm einen Schimmel gegeben. Abermals fing er den Apfel, verweilte aber keinen Augenblick, sondern jagte damit fort. Der König ward bös und sprach: »Das ist nicht erlaubt, er muss vor mir erscheinen und seinen Namen nennen.« Er gab den Befehl, wenn der Ritter, der den Apfel gefangen habe, sich wieder davonmachte, so sollte man ihm nachsetzen und, wenn er nicht gutwillig zurückkehre, auf ihn hauen und stechen. Am dritten Tag erhielt er vom Eisenhans eine schwarze Rüstung und einen Rappen und fing auch wieder den Apfel. Als er damit fortjagte, verfolgten ihn die Leute des Königs, und einer kam ihm so nahe, dass er mit der Spitze des Schwerts ihm das Bein verwundete. Er entkam ihnen jedoch, aber sein Pferd sprang so gewaltig, dass der Helm ihm vom Kopf fiel, und sie konnten sehen, dass er goldene Haare hatte. Sie ritten zurück und meldeten dem König alles.

Am andern Tag fragte die Königstochter den Gärtner nach seinem Jungen. »Er arbeitet im Garten: Der wunderliche Kauz ist auch bei dem Fest gewesen und erst gestern Abend wieder gekommen; er hat auch meinen Kindern drei goldene Äpfel gezeigt, die er gewonnen hat.« Da ließ der König ihn vor sich fordern, und er erschien und hatte wieder sein Hütchen auf dem Kopf. Aber die Königstochter ging auf ihn zu und nahm es ihm ab, und da fielen seine goldenen Haare über die Schulter, und er war so schön, dass alle erstaunten. »Bist du der Ritter, der jeden Tag zu dem Fest gekommen ist, immer in einer anderen Farbe, und der die drei

goldenen Äpfel gefangen hat?« fragte der König. »Ja« antwortete er, »und
da sind die Äpfel«, holte sie aus seiner Tasche und reichte sie dem König.
»Wenn Ihr noch mehr Beweise verlangt, so könnt Ihr die Wunde sehen,
die mir Eure Leute geschlagen haben, als sie mich verfolgten. Aber ich
bin auch der Ritter, der Euch zum Sieg über die Feinde verholfen hat.« –
»Wenn du solche Taten verrichten kannst, so taugst du nicht zum Gärt-
nerjungen: Sage mir, wer ist dein Vater?« – »Mein Vater ist ein mächti-
ger König, und Goldes habe ich die Fülle und so viel ich nur verlange.« –
»Ich sehe wohl«, sprach der König, »ich bin dir Dank schuldig, kann ich
dir etwas zu Gefallen tun?« – »Ja«, antwortete er, »das könnt Ihr wohl,
gebt mir Eure Tochter zur Frau.« Da lachte das Mädchen und sprach:
»Der macht keine Umstände, aber ich habe ihn schon an seinen golde-
nen Haaren erkannt«, ging dann hin und küsste ihn. Zu der Vermäh-
lung kamen sein Vater und seine Mutter, und die freuten sich, denn sie
hatten schon alle Hoffnung aufgegeben, ihren lieben Sohn wiederzuse-
hen. Und als sie an der Hochzeitstafel saßen, da schwieg auf einmal die
Musik, die Türen gingen auf, und ein stolzer König trat herein mit gro-
ßem Gefolge. Er ging auf den Jüngling zu, umarmte ihn und sprach:
»Ich bin der Eisenhans und war in einen wilden Mann verwünscht,
aber du hast mich erlöst. Alle Schätze, die ich besitze, die sollen dein
Eigentum sein.«

Zuspruch für Versager

Ein langes Märchen, aber nie zu lang, wie sich in der Erzählgemeinschaft von Erzählern und Zuhörern immer wieder zeigt. Es spricht die
kindliche Seele dieser Altersstufe so stark an, dass es auch die hartge-
sottenen Krimifreunde zu Ruhe und Teilnahme bringt.
Einmal war ich zu einem Abschlussabend einer Klassenfahrt in ein
Landschulheim eingeladen, um den vierten Klassen Märchen zu erzählen. Eine Lehrerin berichtete mir aufgeregt, dass ein Junge so de-
struktiv sei, dass er alle angelegten Spielpläne der Woche gestört habe.
Sie müsse ihn extra betreuen, sonst würde er die Märchenstunde stören. Im Vertrauen auf den *Eisenhans* bat ich sie, ihn dabei sein zu
lassen. Daraufhin wollte sie es versuchen. Kein Kind störte oder rühr-

te sich auffällig. Ich fragte die Lehrerin nach dem Erzählen, wo und wer denn der Störenfried gewesen sei. »Ich hab ihn selbst nicht wiedererkannt,« sagte sie, »er hat mit offenem Mund zugehört wie ein trockener Schwamm.« Er ist dann zu mir gekommen und wollte mir etwas schenken, einen tags zuvor in der Eifel gefundenen glitzernden Stein. »Kannst du dich denn davon trennen?« hab ich ihn gefragt. »Nicht so gern«, hat er gesagt, »aber es war so toll.« Später sah ich ein Bild, das dieser Junge zum Eisenhans-Märchen malte. Es zeigte einen starken, großen König. Hier floss das innere Bild ins äußere und zeigte uns, dass dieser Junge keinen Krimi, aber kraftvolle, spannungsgeladene, sinnstiftende Geschichten brauchte, damit seine Energie in die rechten Bahnen gelenkt wird.

Der Beginn des Märchens ist schon ungemein spannend. In die geordnete Welt, hier der König auf seinem Schloss mit dem wildreichen Wald, bricht das Unheimliche, Unbekannte, Geheimnisvolle ein. Genauso erleben die Kinder das zunehmend kritisch erlebte Zuhause. Das Wilde wird eingesperrt, weggeschlossen, die Mutter wacht über den Schlüssel, der Vater spricht das Verbot aus, den »wilden Mann« zu befreien. Aber im Leben wie im Märchen gilt: Das Tabu wird gebrochen, anders ist keine Entwicklung, kein Wachstum, keine Selbstständigkeit möglich. Den Ungehorsam gegen Vater und Mutter kennt jedes Kind, auch dass es sich danach wie im Wald befindet, unbehaust, von wilden Kräften zu schwer einzuhaltenden Geboten gezwungen. Das abermalige Versagen führt hinaus in die Welt, aber schon versehen mit »goldenen Haaren«, die man jedoch noch vor der Welt verbirgt. Was heißt es, goldene Haare erworben zu haben, halb unbewusst, halb absichtlich geschehen? Gold steht in Zusammenhang mit der Sonne, es heißt ja auch »und glänzte wie die Sonne«. Sonne ist das Licht, das uns erhellt, »mir geht ein Licht auf«, »die Sonne bringt es an den Tag«, also Erkenntnis wird möglich oder findet statt.

Wunderbar tröstlich ist es für die Kinder, dass sie hier zwar durch das Übertreten von Geboten ins Ungewisse gestoßen, in die Welt getrieben werden, aber es wird ihnen dennoch Hilfe zugesagt. Vater und Mutter können nicht mehr schützen, aber das wilde Leben verheißt Hilfe in der Not. Der Königssohn, das Kind als Anwärter auf den Thron und das Reich, macht eine Zeit des Dienens durch im häuslichen Bereich und in der Natur. Er lernt sich behaupten gegenüber niederen und höher gestellten Personen am Hofe und gegenüber dem anziehenden weiblichen Geschlecht. Erst nachdem er sich mit Hilfe des »wilden Mannes« bewährt hat, gibt er sich zu erkennen und fordert was ihm zusteht, die Königstochter, die weibliche Seite, mit der zusammen er eine neue Einheit bildet.

Es wird viel gerätselt, was und wer denn der »Eisenhans« eigentlich sei, und es gibt sicher viele mögliche Erklärungen. Ohne sich auf eine Deutung festzulegen, könnte man vermuten, dass dem Jungen im Eisenhans vielleicht sein eigenes Ich begegnet, das zuerst chaotisch und wild ist, das um den kristallklaren Goldbrunnen weiß, das sich müht und versagt, dient, bittet und schenkt, schließlich sich selbst entfaltet und befreit und seine Schätze, die inneren Qualitäten, freilegt und gewinnt.

Mit diesem Märchen werden die wildesten Rabauken gezähmt, die zappligsten Kinder beruhigt, die zaghaften ermutigt.

Herausforderung

Zu den ebenfalls geeigneten und gern gehörten Märchen für diese Altersstufe zähle ich *Die zertanzten Schuhe* (KHM 133). In diesem Märchen fühlen sich die Mädchen besonders angesprochen und bestätigt, wie sie dem alles kontrollierenden Vater entkommen. Die Kinder malen gern zu diesem bildreichen Märchen, die Identifizierung mit den Figuren fällt ihnen offenbar besonders leicht.

Die zertanzten Schuhe

E s war einmal ein König, der hatte zwölf Töchter, eine immer schöner als die andere. Sie schliefen zusammen in einem Saal, wo ihre Betten nebeneinander standen, und abends, wenn sie darin lagen, schloss der König die Tür zu und verriegelte sie. Wenn er aber am Morgen die Türe aufschloss, so sah er, dass ihre Schuhe zertanzt waren, und niemand konnte herausbringen, wie das zugegangen war. Da ließ der Kö-

nig ausrufen, wer's könnte ausfindig machen, wo sie in der Nacht tanzten, der sollte sich eine davon zur Frau wählen und nach seinem Tod König sein; wer sich aber meldete und es nach drei Tagen und Nächten nicht herausbrächte, der hätte sein Leben verwirkt. Nicht lange, so meldete sich ein Königssohn und erbot sich, das Wagnis zu unternehmen. Er ward wohl aufgenommen und abends in ein Zimmer geführt, das an den Schlafsaal stieß. Sein Bett war da aufgeschlagen, und er sollte Acht haben, wo sie hingingen und tanzten; und damit sie nichts heimlich treiben konnten oder zu einem anderen Ort hinausgingen, war auch die Saaltüre offengelassen. Dem Königssohn fiel es aber wie Blei auf die Augen, und er schlief ein, und als er am Morgen aufwachte, waren alle zwölf zum Tanz gewesen, denn ihre Schuhe standen da und hatten Löcher in den Sohlen. Den zweiten und dritten Abend ging's nicht anders, und da ward ihm sein Haupt ohne Barmherzigkeit abgeschlagen. Es kamen hernach noch viele und meldeten sich zu dem Wagestück, sie mussten aber alle ihr Leben lassen. Nun trug sich's zu, dass ein armer Soldat, der eine Wunde hatte und nicht mehr dienen konnte, sich auf dem Weg nach der Stadt befand, wo der König wohnte. Da begegnete ihm eine alte Frau, die fragte ihn, wo er hin wollte. »Ich weiß selber nicht recht«, sprach er und setzte im Scherz hinzu: »Ich hätte wohl Lust, ausfindig zu machen, wo die Königstöchter ihre Schuhe zertanzen und danach König zu werden.« »Das ist so schwer nicht,« sagte die Alte, »du musst den Wein nicht trinken, der dir abends gebracht wird, und musst tun, als wärst du fest eingeschlafen.« Darauf gab sie ihm ein Mäntelchen und sprach: »Wenn du das umhängst, so bist du unsichtbar und kannst den zwölfen dann nachschleichen.« Wie der Soldat den guten Rat bekommen hatte, ward es Ernst bei ihm, so dass er ein Herz fasste, vor den König ging und sich als Freier meldete. Er ward so gut aufgenommen wie die andern auch, und wurden ihm königliche Kleider angetan. Abends zur Schlafenszeit ward er in das Vorzimmer geführt, und als er zu Bette gehen wollte, kam die Älteste und brachte ihm einen Becher Wein: Aber er hatte sich einen Schwamm unter das Kinn gebunden, ließ den Wein da hineinlaufen und trank keinen Tropfen. Dann legte er sich nieder, und als er ein Weilchen gelegen hatte, fing er an zu schnarchen wie im tiefsten Schlaf. Das hörten die zwölf Königstöchter, lachten, und die älteste sprach: »Der hätte auch sein Leben sparen können.« *Danach standen sie auf, öffneten Schränke, Kisten und Kasten und holten prächtige Kleider heraus; putzten sich vor den Spiegeln, sprangen herum und freuten sich auf den Tanz. Nur die Jüngste sagte:* »Ich weiß nicht, ihr freut euch, aber mir ist so wunderlich zumute: Gewiss widerfährt uns ein Unglück.« »Du bist eine Schneegans«, *sagte die Älteste,* »die sich immer fürchtet. Hast du vergessen, wie viel Königssöhne schon umsonst gekommen sind? Dem Soldaten hätte ich nicht einmal einen Schlaftrunk zu geben brauchen, der Lümmel wäre doch nicht aufgewacht.« *Wie sie alle fertig waren, sahen sie erst nach dem Soldaten, aber der hatte die Augen zugetan, rührte und regte sich nicht, und sie glaubten nun ganz sicher zu sein. Da ging die Älteste an ihr Bett und klopfte daran; alsbald sank es in die Erde, und sie stiegen durch die Öffnung hinab, eine nach der andern, die Älteste voran. Der Soldat, der alles mit angesehen hatte, zauderte nicht lange, hing sein Mäntelchen um und stieg hinter der Jüngsten mit hinab. Mitten auf der Treppe trat er ihr ein wenig aufs Kleid, da erschrak sie und rief:* »Was ist da? Wer hält mich am Kleid?« »Sei nicht so einfältig,« *sagte die Älteste,* » du bist an einem Haken hängen geblieben.« *Da gingen sie vollends hinab, und wie sie unten waren, standen sie in einem wunderprächtigen Baumgang, da waren alle Blätter von Silber und schimmerten und glänzten. Der Soldat dachte:* »Du willst dir ein Wahrzeichen mitnehmen,« *und brach einen Zweig davon ab: Da fuhr ein gewaltiger Krach aus dem Baume. Die Jüngste rief wieder:* »Es ist nicht richtig, habt ihr den Knall gehört?« *Die Älteste aber sprach:* »Das sind Freudenschüsse, weil wir unsere Prinzen bald erlöst haben.« *Sie kamen darauf in einen Baumgang, wo alle Blätter von Gold, und endlich in einen dritten, wo sie klarer Demant waren; von beiden brach er einen Zweig ab, wobei es jedes Mal krachte, dass die Jüngste vor Schrekken zusammenfuhr: Aber die Älteste blieb dabei, es wären Freudenschüsse. Sie gingen weiter und kamen zu einem großen Wasser, darauf standen zwölf Schifflein, und in jedem Schifflein saß ein schöner Prinz, die hatten auf die zwölfe gewartet, und jeder nahm eine zu sich, der Soldat aber setzte sich mit der Jüngsten ein. Da sprach der Prinz:* »Ich weiß nicht, das Schiff ist heute viel schwerer, und ich muss aus allen Kräften rudern, wenn ich es fortbringen soll.« »Wovon sollte das kommen,« *sprach die Jüngste,* »als vom warmen Wetter, es ist mir auch

so *heiß zumut.*« Jenseits des Wassers aber stand ein schönes hell er-
leuchtetes Schloss, woraus eine lustige Musik erschallte von Pauken
und Trompeten. Sie ruderten hinüber, traten ein, und jeder Prinz tanzte mit seiner Liebsten; der Soldat tanzte aber unsichtbar mit, und wenn
eine einen Becher mit Wein hielt, so trank er ihn aus, dass er leer war,
wenn sie ihn an den Mund brachte; und der Jüngsten ward auch Angst
darüber, aber die Älteste brachte sie immer zum Schweigen. Sie tanzten da bis drei Uhr am andern Morgen, wo alle Schuhe durchgetanzt
waren und sie aufhören mussten. Die Prinzen fuhren sie über das
Wasser wieder zurück, und der Soldat setzte sich diesmal vornehin zur
Ältesten. Am Ufer nahmen sie von ihren Prinzen Abschied und ver-
sprachen, in der folgenden Nacht wiederzukommen. Als sie an der Treppe
waren, lief der Soldat voraus und legte sich in sein Bett, und als die
zwölf langsam und müde heraufgetrippelt kamen, schnarchte er schon
wieder so laut, dass sie's alle hören konnten, und sie sprachen: »Vor
dem sind wir sicher.« Da taten sie ihre schönen Kleider aus, brachten
sie weg, stellten die zertanzten Schuhe unter das Bett und legten sich
nieder. Am andern Morgen wollte der Soldat nichts sagen, sondern das
wunderliche Wesen noch mit ansehen, und ging die zweite und die
dritte Nacht wieder mit. Da war alles wie das erste Mal, und sie tanzten jedes Mal, bis die Schuhe entzwei waren. Das dritte Mal aber nahm
er zum Wahrzeichen einen Becher mit. Als die Stunde gekommen war,
wo er antworten sollte, steckte er die drei Zweige und den Becher zu
sich und ging vor den König, die zwölfe aber standen hinter der Türe
und horchten, was er sagen würde. Als der König die Frage tat: »Wo
haben meine zwölf Töchter ihre Schuhe in der Nacht vertanzt?«, so
antwortete er: »mit zwölf Prinzen in einem unterirdischen Schloss«,
berichtete, wie es zugegangen war, und holte die Wahrzeichen hervor.
Da ließ der König seine Töchter kommen und fragte sie, ob der Soldat
die Wahrheit gesagt hätte, und da sie sahen, dass sie verraten waren
und leugnen nichts half, so mussten sie alles eingestehen. Darauf fragte ihn der König, welche er zur Frau haben wollte. Er antwortete: »Ich
bin nicht mehr jung, so gebt mir die Älteste.« Da ward noch am selbi-
gen Tage die Hochzeit gehalten und ihm das Reich nach des Königs
Tode versprochen. Aber die Prinzen wurden auf so viele Tage wieder
verwünscht, als sie Nächte mit den zwölfen getanzt hatten.

Interessant ist es, die Kinder beim Vorlesen oder Erzählen vor dem Ende zu fragen, welche der zwölf Töchter der Soldat sich wohl zur Frau gewählt habe. Bei den Brüdern Grimm steht, dass er die Älteste wählt, weil er nicht mehr jung sei. Die Antwort der Kinder ist abweichend zu dieser Lösung, aber sie zeigt, wie stimmig Kinder empfinden: Der Held wählt die Jüngste, die Sensible, die, ohne ihn zu sehen, etwas von seiner Anwesenheit spürt. Manchmal ist durch mündliche Überlieferung oder durch bessermeinendes logisches Denken etwas ver-kehrt worden. In diesem Fall ließe sich das an anderen Varianten des Märchentyps in Europa belegen.

Wie sensibel die Kinder selbst reagieren, lässt sich an einer Begegnung mit Schülern aus der vierten Klasse erkennen, die mich mit folgenden abschätzigen Worten empfingen: »Sie wollen uns Märchen erzählen? Na, denn machen Se mal!« Hier ist kein Verlangen mehr nach »schönen Märchen«, nach Geborgenheit und Sicherheit zu spüren, sondern Herausforderung: »Was haben Sie uns schon zu bieten!« Und sogar eine unüberhörbare Drohung: »Dich werden wir in die Pfanne hauen.« Nach der Erzählstunde waren diese Burschen wie ausgewechselt. Die »klasse Geschichten« wurden im Buch nachgelesen. Sie entdeckten, dass ich sie textgetreu erzählt hatte, schickten mir eine Kassette, auf die sie das Märchen mit verteilten Rollen gesprochen hatten, und dazu einen Brief. Darin schrieben viele von ihrer neu entdeckten Begeisterung für Märchen, und dann stand da: »Ihnen kann man glauben,« und das heißt hier doch nichts anderes als »den Märchen kann man glauben.« Also bedeuten die Märchen den Kindern im Grundschulalter etwas.

- Die Märchen sind Orientierungshilfe: Die Kinder erleben in den Märchen Vorbilder für sinnvolles Handeln und ein gelungenes, erfülltes Leben, das sich im Alter von sechs bis zehn Jahren immer stärker außerhalb des Elternhauses abspielt.
- Die Märchen helfen den Kindern bei der Angstbewältigung: Die Helden geraten in Gefahren und müssen Proben bestehen, so wie jedes Kind.
- Die Märchen schenken Zuversicht: Wer achtsam durchs Leben geht, erfährt wiederholt Hilfe, sogar bei Missachtung der guten Ratschläge des Helfers.

- Die Märchen sind geeignet, in den Kindern eine eigene Bilder-
  und Phantasiewelt zu wecken: Das schafft ein Fundament zu
  Entdeckerfreude und zu schöpferischem Tun.
- Die Märchen regen an zu musischem Schaffen: Nacherzählen,
  Malen, Spielen, Tanzen helfen den Kindern, ihre leib-seelischen
  Qualitäten zu finden, ein wichtiger Ausgleich zu und wohl auch
  Anregung für den Umgang mit den Medien unserer Zeit.

Sich erproben

Märchen für Jugendliche

Es ist verständlich, dass Jugendliche meinen, Märchen gingen sie nichts an. »Märchen?« – »Kleinkindergeschichten – nichts für uns«, heißt es da. Jugendliche wollen das wirkliche Leben kennen lernen, fühlen sich eigentlich schon erwachsen, aber von den Erwachsenen meist nicht richtig verstanden. Märchen erscheinen ihnen viel zu lieb und fern von der Realität. Es ist wirklich so, dass das Interesse für Märchen bei Kindern mit zehn oder elf Jahren erst einmal erlischt. In der Schule sollen sich Jugendliche literarisch mit der Gattung *Märchen* auseinander setzen, aber das Interesse ist aus den genannten Gründen gering. Das lebendig erzählte Märchen erleben die meisten Jugendlichen nicht. Später wacht bei einigen Erwachsenen das Interesse wieder auf. Womit lässt sich das erklären?

Tatsache ist, dass unter den Märchen der Brüder Grimm wenige sind, die Jugendliche fesseln und begeistern können. Der Titel der Sammlung »Kinder- und Hausmärchen« spricht schon für sich, und man weiß heute, dass die Märchen vielfach von den Sammlern für die gängige Ausgabe geglättet und entschärft worden sind. Märchen wie *Der Trommler*, *Der Bärenhäuter* und *Der Teufel mit den drei goldenen Haaren* sind wohl geeignet für Jugendliche, aber da Kinder und Erwachsene und auch Jugendliche den Begriff »Märchen« erst einmal mit den bekannten Klassikern wie *Schneewittchen, Aschenputtel, Rotkäppchen, Hänsel und Gretel* und anderen verbinden, sind junge Menschen schnell geneigt, Märchen allesamt für Erzählungen zu halten, die nur für Kinder bestimmt sind. Dass auch diese Märchen sogar Erwachsene freuen und Anlass für wissenschaftliche Arbeit sind, wird selten wahrgenommen. Es ist klug, zuerst ein Märchen aus einem fremden Land auszusuchen, um das Interesse bei Jugendlichen zu wecken.

Sich verstanden und ernst genommen fühlen

Die Märchen müssen von Erfahrungen erzählen, die Jugendliche interessieren, die ihrem Wesen, ihren Erlebnissen und Vorstellungen entsprechen. Wir sollten ernst nehmen, dass Jugendliche gern als erwachsen gelten wollen. Wir sagen oft, sie sind »weder Fisch noch Fleisch« , sie sind in einem Zwischenstadium, der Kindheit entwachsen, aber noch nicht zur vollen Selbständigkeit erwachsen. Sie sind eigentlich in einer wunderbaren Aufbruchstimmung, haben große Pläne, wollen für die Welt etwas leisten, Gutes tun, nützlich sein, ihre Kräfte einbringen. Weil sie sich dabei manchmal nicht recht einschätzen können, schießen sie übers Ziel hinaus, haben Wunschträume und Machtphantasien, die nicht mit der Wirklichkeit Schritt halten können. Das schadet nicht, so lange die Begeisterung für ein Ziel in gute Bahnen gelenkt wird. Der Kampf gegen Schlechtes und Böses in der Welt ist ihnen ernst und kann große Kräfte freisetzen. Der Einsatz für das Gute wird erstrebt und sollte deshalb auch unterstützt werden.

Bei den Völkern der ehemaligen Sowjetunion gibt es Märchen, die so genannten Heldenmärchen, die von starken Recken erzählen. Mit übernatürlichen Kräften setzen sie sich für das Schwache, für das Gute, für die Gerechtigkeit ein. Am besten sagt man als Erzählerin oder Erzähler nicht, dass man den Jugendlichen ein Märchen erzählen will, sondern nennt es eine spannende Geschichte. Wenn man vom Land, seiner Geschichte und seinen Menschen etwas vorausschickt, wird schon Interesse geweckt an der fremden, so sehr anderen Kultur. Natürlich muss ein Märchen für Jugendliche kraftvoll sein, es kann hart sein, ihnen an Einfühlungsvermögen einiges abverlangen und es muss stark, das heißt nicht mit lieblich-lyrischem Grundton erzählt oder vorgelesen werden. Aus Erfahrung weiß ich, dass dann die anfängliche ablehnende Haltung aufgegeben wird. Ein in diesem Sinne starkes Heldenmärchen ist »Der Sohn des Altyn-Kan«, das hier folgen soll. Es erscheint uns beim ersten Lesen fast zu protzig. Die Kämpfe des Helden erstrecken sich über unwirklich lange Zeiträume und bewirken wahre Naturkatastrophen. Diese mythischen Bilder aber erreichen die Jugendlichen in ihrer schier grenzenlos scheinenden Aufbruchstimmung. Sie holen sie dort ab, wo sie sind und geben ihnen das Gefühl »ich werde verstanden«.

Der Sohn des Altyn-Kan

*E*s ist schon viele, viele Jahre her – goldene Berge erhoben sich über die Wolken, das Milchmeer schlug an die goldenen Ufer, der goldene Kuckuck rief auf der alten Lärche.

Mitten in der weiten Steppe stand ein goldenes Schloss. Durch drei Himmel hindurch ragte es in die Höhe, durch drei Erdschichten senkte es sich in die Tiefe. In dem goldenen Schloss wohnte der Altyn-Kan, ein Heldensohn, mächtig wie die altaische Taiga. Der Altyn-Kan heiratete die schöne Altyn-Kok. Eine Zeitlang lebte er mit ihr, doch eines Tages sagte er: »Ich will auf die Jagd reiten, will Zobel schießen und Wasservögel jagen«. Er setzte sich auf sein hellbraunes Pferd und ritt in die goldene Taiga. Er ritt am Fuß der weißen Berge entlang, am Ufer des blauen Meeres. Die wilden Tiere erlegte er im Lauf, die Vögel schoss er im Flug, der mächtige Altyn-Kan.

Während dieser Zeit gebar die schöne Altyn-Kok einen kleinen Sohn. Von Geburt an ist er so stark und kräftig, dass man ihn »Bergen« nannte, das heißt Recke. Als der Altyn-Kan heimkehrte, sah er im Schloss einen Jungen umherlaufen, der sieht mit drei Monaten schon aus wie einer von drei Jahren. Der Vater freute sich über seinen Sohn, schenkte ihm eine Mütze aus schwarzem Fuchsfell und einen goldenen Bogen.

Nicht weit vom Schloss lebte ein anderer Recke, namens Kara-Mok. Seit Alters her herrschte zwischen ihm und Altyn-Kan grimmige Feindschaft. Einmal ritt Kara-Mok dicht an dem goldenen Schloss vorbei und lachte: »Hier wohnt der Altyn-Kan. Der bildet sich ein, der stärkste aller Recken der Welt zu sein. Doch ich kann ihn mit einer Hand bezwingen. Jawohl, in seinem ganzen Reich gibt es keinen Recken wie mich, gab es nicht und kann es nicht geben!«

Altyn-Kan hörte die Worte, trat aus dem Schloss und rief: »Was prahlst du mit deiner Kraft, warum beleidigst du unsere Recken? Los denn, kämpfen wir! Dann werden wir sehen, wer der Stärkere ist«

»Meinetwegen«, entgegnete Kara-Mok. Er ritt ein dunkelgraues Pferd, und das Tier war nicht weniger als neun Sashen (altes Längenmaß: 2,336 Meter) groß. Altyn-Kan schwang sich auf sein hellbraunes Ross, und die Recken stürzten sich aufeinander. Die Erde erbebte, das graue Meer geriet in Bewegung, die weißen Berge verschoben sich von ihren

Märchen für Jugendliche

Plätzen. Neun Jahre lang kämpften die Recken – aber sie konnten einander nicht überwältigen.

Bergen entwickelte sich in dieser Zeit zu einem starken Jüngling. Im neunten Jahr blickte er zum Fenster hinaus und sagte zu seiner Mutter: »Der Vater scheint des Streites mit Kara-Mok müde zu werden. Ich werde ihm zu Hilfe eilen.« Und schon lief er auf die Lichtung hinaus, machte sich an Kara-Mok heran und packte ihn am Kragen. »Warum schlägst du meinen Vater?« fuhr er ihn an und schleuderte ihn mitsamt seinem Pferd zur Seite. Kara-Mok fiel zu Boden, vor Wut seiner Sinne nicht mehr mächtig. »Du wirst noch an mich denken, junger Wagehals!« drohte er, setzte sich auf sein dunkelgraues Pferd und verzog sich.

Bergen kehrte ins goldene Gemach zurück, reckte die Schultern, streckte sich und dachte: »Nicht wenig Kraft hat sich in mir gesammelt. Wo soll ich damit hin?« Kaum hatte er diesen Gedanken gesprochen, da trieb weißer Nebel auf das goldene Schloss zu, und Bergen sah einen unbekannten Jüngling vor sich stehen, der sprach: »Bergen, Bergen, hüte deine heldenhafte Stärke, vergeude sie nicht mutwillig. Bei deiner Geburt stand geschrieben, dass du drei große Kämpfe zu bestehen hast. Du wirst deine Kraft noch brauchen.« Der weiße Nebel trieb wieder fort, und der Jüngling verschwand. Der junge Recke staunte, lief zu den Eltern und bat: »Väterchen, Mütterchen, ich möchte gern in der Welt umherstreifen und meine Kraft erproben. Lasst mich gehen. Wenn die Zeit um ist, kehre ich wieder zu euch zurück.« Die Eltern waren traurig, dass sie sich von ihrem Sohn trennen sollten, doch sie konnten den jungen Recken nicht zurückhalten. Sie nahmen Abschied, und Bergen machte sich auf den Weg ins Ungewisse. Er ritt über die Steppe. Das Pferd war zwölf Saschen lang, die Mütze aus schwarzem Fuchsfell, über dem Rücken hing ein goldener Bogen, die Stiefel waren mit Perlen und Gold bestickt.

Lange ritt der junge Recke. Er zog durch die Länder von siebzig Khanen, überschritt die Grenzen von achtzig Reichen, kletterte über Gebirgsgrate, stieg in bewaldete Täler herab. Endlich kam er in die goldene Steppe. In dieser Steppe verdorrte das Gras nicht, welkten die Blätter an den Bäumen nicht, als weiße Milch strömte das Meer, und mitten in der Steppe ragte ein goldener Berg empor. »Hier müsste es sich herrlich leben lassen«, sagte Bergen. Kaum hatte er diese Worte ausgesprochen, da sah er: Aus den Wolken wird an drei Ketten ein goldenes Schloss herabgelassen. Leicht senkte es sich zum Fuß des Berges nieder, und türkisblaue Tore öffneten sich. Der Recke band das Pferd an den Torpfosten und betrat den ersten Raum. In der Ecke hängte er seine Mütze und den goldenen Bogen an einen Haken, setzte sich an den Tisch, aß und trank und legte sich auf ein goldenes Bett, um auszuruhen. Sieben Tage lang schlief Bergen. Inzwischen näherten sich Verfolger der goldenen Steppe. Der Recke Kara-Mok hatte ein Heer von siebenundsiebzig Khanen gesammelt und rückte eilends heran, um Bergen zu vernichten.

Bergen erwachte, er lauschte – wie ein Bienenschwarm summte es vor den Toren seines Schlosses. Er spähte aus dem Fenster – die ganze Steppe ringsum voller feindlicher Krieger. Und vor ihnen sprengte Kara-Mok auf dem dunkelgrauen Pferd einher. Da ergriff Bergen seinen goldenen Bogen, setzte seine Mütze aus schwarzem Fuchsfell auf und ging auf die türkisfarbene Treppe hinaus. Die Feinde fingen an zu lärmen. Spitze Pfeile schwirrten um Bergen herum. »Wohlan, das ist mein erster Kampf«, dachte der junge Held und rief Kara-Mok zu: »Ich habe die Krieger nicht hergerufen. Du, Kara-Mok, hast diese Männer ins Verderben geführt. Du wirst für ihr Blut die Verantwortung tragen! Mich gegen euch zu wehren ist mein gutes Recht.« Er legte seinen goldenen Bogen an. Die gespannte Sehne klirrte. Der erste Pfeil begann zu singen – und streckte einen der Feinde nach dem anderen im Handumdrehen zu Boden, wie vom Blitz getroffen. So zerschlug der mutige Held das ganze feindliche Heer.

»Wenn du für deine Beleidigungen im Kampf mit mir einstehen willst, dann komm her!« rief Bergen zu Kara-Mok hinüber. Und nun entbrannte ein grimmiger Kampf mit Kara-Mok. Die Taiga rauchte, die alten Lärchen krachten und brachen auseinander, der Boden der Steppe barst entzwei, eine schwarze Wolke wälzte sich über das Gras, die weißen Berge stürzten mit den Gipfeln ins Meer ... Zwölf Jahre kämpften die Recken. Am Ende warf Bergen seinen Gegner nieder. Kara-Mok rollte durch sechs Berge, durch neun Ströme, durch elf Schluchten – in der zwölften fand er den Tod und hauchte seine schwarze Seele aus.

So rächte sich der Sohn des Altyn-Kan an dem Beleidiger seines Vaters, an dem Beleidiger seines Volkes. Dann ritt er durch das Schlosstor und zog weiter über die goldene Steppe.

Märchen für Jugendliche

Er ritt über die Steppe, ritt über die Berge, durch weite Täler und dichte Taiga, ritt an den Ufern der blauen Seen entlang.

Plötzlich sieht er, wie ihm viele Menschen entgegenkommen. Den Leuten sind die Hände zusammen gebunden, ihre Kleider hängen in Fetzen herunter. Eine große Viehherde folgt ihnen, und hinter der ganzen Menge reitet einer auf einem schwarzen Ross. Der Mann hat böse Augen, hält eine Peitsche in der Hand, und an seinen Steigbügeln sind zwei Kinder angebunden: rechts ein Knabe, links ein Mädchen. Der Mann reitet rücksichtslos, und die Kinder laufen neben ihm her und weinen. Bergen macht halt. »Hè, wer bist du, und warum quälst du diese Kinder?« fragte er.

Der Unbekannte antwortete: »Wer ich bin, das geht dich nichts an. Die Kinder hier und die Sklaven und das Vieh trieb ich meinen Feinden fort, die ich besiegt habe. Vieh und Sklaven werde ich behalten, aus den Kindern werd ich Leibdiener für mich machen.«

Bergen erhob sich in den Steigbügeln: »Wer hat dir das erlaubt?« Mit diesen Worten warf er sich auf den bösen Reiter, und sie gerieten miteinander in ein Handgemenge. Das Gras in der Steppe verdorrte, die jungen Vögel fielen aus den Nestern, die Fische in den Seen starben – so fürchterlich schlugen sich die Recken. Es war ein schwerer Kampf für Bergen. Endlich gelang es ihm, den Reiter niederzuringen. Er band die Kinder von den Steigbügeln, löste die Hände der Sklaven und sagte: »Kehrt zurück in eure Heimat, und wenn euch jemand auf dem Weg anhält, dann sagt, der Held Bergen hat uns befreit. Niemand wird es mehr wagen, euch anzurühren.« Da eilten Bruder und Schwester nach Hause, hinter ihnen trieb man das Vieh, der junge Held jedoch, der Sohn des Altyn-Kan, zog weiter seines Wegs. »Aha«, dachte er, »auch der zweite Kampf ist glücklich beendet. Mit wem werde ich wohl nun zum dritten Mal zusammenstoßen?«

Er ritt und ritt, ritt schneller dahin, als man erzählen kann. Schließlich kam er in ein Land, das mit einem eisernen Zaun umgeben war. Hinter dem Eisenzaun begann ein eiserner Wald.

Der Held drang durch den Wald und sah an der Stelle, wo sich die Wege kreuzten, einen Eisenrecken stehen: Von Kopf bis Fuß eisengepanzert, auf einem flammend roten Pferd, in den Händen ein wuchtiges Schwert. Der Eisenrecke schrie Bergen an: »Halt, niemand kommt an mir vorbei.

Zahl mir einen Tribut!« »Wofür?« fragte Bergen. »Das ist nicht deine Erde, und der Weg durch den Wald ist für alle da, die ihn gehen.« »Ich aber bin der Stärkste von allen«, antwortete der Eisenrecke, »darum erhebe ich von jedem, der hier vorüberzieht, eine Abgabe. Wer nicht zahlt, dessen Kopf bleibt auf dem Eisengitter zurück. Mir scheint, dass auch deiner bald dort stecken wird.« Bergen sah sich um – wirklich: Der ganze Eisenzaun war voller Menschenköpfe. »Du hast kein Recht, so mit den Menschen umzugehen«, rief Bergen, »doch wenn du es nicht anders willst, werden wir uns schlagen.« Wie ein Sturmwind rannte er gegen den Eisenrecken an.

Zwölf Jahre lang stritten sie miteinander. Die Erde begann sich unter ihnen zu biegen, die Wolken zerstreuten sich über den Himmel – so schrecklich war es, diesem Kampf zuzuschauen. Nach zwölf Jahren sank der Eisenrecke zu Boden, fiel nieder und erhob sich nicht wieder.

Bergen säuberte den Weg durch den Wald für alle, die ihn beschreiten wollten. Dann setzte er sich aufs Pferd.

»Nun sind also die drei Kämpfe bestanden«, überlegte er, »ob es nicht höchste Zeit ist, heimzukehren, wie ich den Eltern versprach?« Er wandte sein Pferd und ritt wieder zu den heimatlichen Steppen und der dichtbewachsenen Taiga, ritt nach Hause, wo man ihn ungeduldig erwartete. Die Eltern hatten auch schon eine Braut für ihn ausgesucht, die liebliche, junge Suu-Tschu. Nun richtete der Altyn-Kan für seinen Sohn das Hochzeitsmahl aus. An drei goldenen Ketten kam der ganze Schmaus von den Wolken herab, an sechs goldenen Ketten wurden die Fässer mit Wein vom Himmel hernieder gelassen. Zwölf Jahre lang saßen die Gäste bei Tisch – und dennoch konnten sie nicht alles aufessen und austrinken.

Auf diesem Hochzeitsfest erzählte man zum ersten Mal das Märchen von dem guten Helden, dem Sohn des Altyn-Kan.

Nach einem Märchen aus Russland

Märchen für Jugendliche

Der »Held« im Jugendlichen

In unserer Zeit ist man mit gutem Grund skeptisch gegenüber dem Heldenbegriff. Die Erfahrungen der Vergangenheit zeigen, wie verführerisch das Heldentum sein kann. Dass es aber sinnvoll ist, gerade Jugendliche mit einer Heldenerzählung bekannt zu machen, habe ich eindrucksvoll während einer Projektwoche in einer Gesamtschule erlebt. Nach dem Erzählen vor den Jüngsten sollte ich in eine zehnte Klasse. Auf dem Gang durch wenig ansprechende öde Flure schallten mir laute, schlagende Rhythmen entgegen, die aus dem Raum jener Klasse kamen, in der ich nun Märchen erzählen sollte. Ich sah mich einer Gruppe von Jugendlichen gegenüber, die in Gesichtsausdruck und Körperhaltung deutlich zu verstehen gaben, dass sie von dieser Art Unterricht nichts hielten: Verschlossene, finstere Mienen, die Oberkörper mit verschränkten Armen lässig zurückgelehnt, die Beine weit von sich gestreckt, das war Abwehr auf der ganzen Linie. Ich fragte mich, was die Lehrerin bei diesen jungen Menschen wohl im Unterricht mit dem Thema »Märchen« angefangen hatte. Die Jungen waren in der Überzahl, das kam der Wahl meines ersten Märchens, *Der Sohn des Altyn-Kan*, zugute. Nachdem die Musik auf Hinweis der Lehrerin unmutig ausgeschaltet wurde, habe ich gesagt: »Ich verstehe sehr gut, dass ihr keine Märchen hören wollt. *Rotkäppchen*, *Schneewittchen* und *Aschenputtel* sind nichts für euch, das ist klar. Ich habe eine Geschichte aus dem Altai mitgebracht.« Das Wort Märchen habe ich dafür absichtlich nicht gebraucht, obwohl es ein typisches Zaubermärchen ist, aber im Begriff Märchen schwingt für Halbwüchsige etwas Abwertendes mit. Also sprach ich von *Erzählung* oder *Geschichte* und berichtete kurz über Land, Menschen und Kultur des Altai, bevor ich mit dem Erzählen begann. Da dauerte es nicht lange, bis sich die ablehnende Körperhaltung in eine zugewandte änderte, die Mienen sich entspannten und öffneten, die Blicke mich trafen und zwischen uns eine Gemeinschaft des gegenseitigen Verstehens entstand.

Es ist beeindruckend, solch eine Wandlung zu erleben, und ich fragte mich natürlich, was da geschehen war. Was Carl Gustav Jung zum Thema *Held* sagt, leuchtet mir ein. »Von den Heldengestalten, den zu Dienst und Einsatz bereiten Figuren eines Märchens, geht eine Vorbild schaffende, belebende und ermutigende Wirkung aus.« Beim Erzählen eines Märchens gibt es kaum einen Zuhörer, der nicht irgendwie daran Anteil nimmt. Für den, der sich davon berühren lässt, besteht »die heilende Wirkung darin, dass er durch diese Anteilnahme in eine archetypische Form des Verhaltens eingeordnet wird und dadurch selber ›in Ordnung‹ kommt.« Märchen wie das aus dem Altai sind eine wirkliche Hilfe für heranwachsende Menschen. Nach so einem Köder kann man durchaus auch ein lyrisch gestimmtes Märchen erzählen, wie es die jungen Mädchen gern hören. Sie sind überhaupt leichter zu gewinnen, sind oft sowieso heimliche Märchenleserinnen, nur mögen sie es nicht in der Öffentlichkeit zugeben. Da sind die jungen Männer anders, zuerst Skepsis bis vehemente Ablehnung, dann klare Ablehnung oder Zustimmung. Als ich in einer kleinen Kirche vor vollbesetzten Reihen (bis auf die erste, wie so oft) bei gemütlichem Kerzenlicht gerade mit dem Erzählen beginnen wollte, schickte der Küster vier Gestalten nach vorn, da sei noch Platz. Gestalten: in Leder gekleidet, gestiefelt, gespornt und genietet, mit schwerem Tritt und schlenkerndem Gang. Sie hauten sich in die erste Bank, und ich dachte »o weh!« und begann. Ich hatte kein Programm vorbereitet, das speziell Halbwüchsige anspricht. Egal, da musste ich durch und die »Gestalten« auch. Am Schluss stand einer der vier auf, streckte mir mit Entschiedenheit seine Pranke hin und sagte: »Das war klasse, danke schön!«

Es ist durchaus sinnvoll, den Jugendlichen Geheimnisvolles wie das norwegische Märchen *Der siebente Vater im Haus* zu erzählen. Gerade in den Jahren, in denen sie sich gern vom Elternhaus, von den Autoritäten unabhängig machen wollen, erfahren sie hierin, dass wir Menschen mit unseren Vorfahren doch innerlich verbunden sind und sie achten sollen.

Der siebente Vater im Haus

E s war einmal ein Mann, der war auf der Wanderschaft. Da kam er zu einem schönen großen Gutshof, so herrschaftlich wie ein Schloss. »Hier lässt sich wohl gut Rast machen,« sagte er sich, als er durchs Tor auf den umzäunten Hof kam.

Eben da stand ein graubärtiger Alter und hackte Holz.

»Guten Abend, Vater«, sagte der Wanderer, »kann ich heut Nacht in Eurem Hause bleiben?« »Ich bin nicht der Hausvater hier,« sagte der Graubart, »geh in die Küche und sprich mit meinem Vater.«

Der Wanderer ging in die Küche, und da traf er einen noch älteren Mann, der kniete vor dem Feuer und blies in die Flammen.

»Guten Abend, Vater«, sagte der Wanderer, »kann ich heut Nacht in Eurem Haus bleiben?«

»Ich bin nicht der Hausvater hier,« sagte der Alte, »aber geh nur hinein und sprich mit meinem Vater; der sitzt in der Stube am Tisch.«

Da ging der Mann in die Stube. Am Tisch saß ein Alter, der war noch viel älter als die beiden andern. Er saß da, war zittrig und tattrig und seine Zähne klapperten, und er buchstabierte in einem großen Buch, so wie kleine Kinder es tun.

»Guten Abend, Vater, kann ich heut Nacht in Eurem Hause bleiben?« fragte der Mann.

»Ich bin nicht der Hausvater hier,« sagte der Alte mit den klappernden Zähnen, »sprich doch mit meinem Vater, der sitzt da auf der Ofenbank.«

Da ging der Wanderer zu dem Steinalten auf der Bank, der wollte sich grad eine Pfeife stopfen; er war aber so verhutzelt und seine Hände zitterten so, dass er die Pfeife kaum halten konnte.

»Guten Abend, Vater, kann ich heut Nacht in Eurem Hause bleiben?«

»Ich bin nicht der Hausvater hier«, brummte der Steinalte, »sprich doch mit meinem Vater, der liegt da drüben im Bett.«

Also ging der Wanderer zu dem Bett; darin lag ein Greis, älter als alt, der war ganz eingetrocknet, und nichts an ihm schien lebendig als seine beiden großen Augen.

»Guten Abend, Vater, kann ich heut Nacht in Eurem Hause bleiben?«

»Ich bin nicht der Hausvater hier,« hauchte der Greis mit den großen Augen, » aber sprich mit meinem Vater, der liegt da hinten in der Wiege.«

Ja, da ging der Mann also zu der Wiege, darin lag einer, der war uralt und eingeschrumpft, er war nicht größer als ein Säugling. Und dass er noch am Leben war, konnte man nur an seinen Lippen sehen, die unablässig murmelten.

»Guten Abend, Vater. Kann ich heut Nacht in Eurem Hause bleiben?«
Es dauerte lange, bis der Uralte Antwort gab, noch länger, bis er sie
über die Lippen brachte: »Ich bin nicht der Hausvater hier. Aber sprich
mit meinem Vater, der hängt in dem Horn an der Wand.«
Der Wanderer suchte die Wände ab, bis er zuletzt das Horn entdeckte.
Und wie er hineinschaute, sah er nichts darin als ein Häufchen Asche,
das hatte Ähnlichkeit mit einem Menschenkopf. Der Mann bekam einen Schrecken, und er stammelte: »Guten Abend, Vater, kann ich heut
Nacht in Eurem Hause bleiben?«
Da zirpte es oben im Horn, wie ein Talglicht, das im Verlöschen ist. Es
war kaum zu verstehen, aber es klang wie: «Ja, mein Kind!«
Und nun kam ein Tisch in die Stube gefahren, der war mit den besten
Speisen gedeckt, und Met, Bier und Branntwein standen darauf. Und
als er gegessen und getrunken hatte, kam ein gutes Bett hereingerollt
mit Rentierfellen. Ja, und da war der Wanderer sehr froh, dass er am
Ende doch noch den rechten Hausvater gefunden hatte.
Es wird aber auch noch erzählt: Bevor der Wanderer sich schlafen legte,
habe ihn der Ururalte in dem Horn gefragt, woher er denn komme.
»Von Selgjord«, sagte der Mann. »Lass sehen«, zirpte es da aus dem
Horn, »ob die Männer von dort noch so stark sind wie in den alten
Zeiten. Gib mir deine Hand.« Da gab der Alte mit den klappernden
Zähnen, der mit dem Buch am Tisch saß, dem Wanderer ein Zeichen, er
solle dem Hausvater im Horn nicht die Hand reichen, sondern eine von
den Eisenstangen, die in der Ecke standen. Das tat er auch, und der
Ururalte presste die Eisenstange so fest, dass Wasser heraustropfte.
»Du hast ja noch Mark in den Fingern,« zirpte es, »doch wenn ich dran
denke, wie stark deine Landsleute in den alten Zeiten waren, so ist's
doch nur Schafmilch.«
Am anderen Morgen, so wird erzählt, zog der Wanderer weiter. Doch
als er sich nach ein paar Schritten noch einmal umdrehte und zurück-
blickte, waren Haus und Hof verschwunden.

Nach einem Märchen aus Norwegen

　　　　　　Märchen für Jugendliche

Selbsterkenntnis und Verstehen

Märchen für Erwachsene

Immer wieder geschieht Folgendes: Ich komme mit einem Menschen ins Gespräch, er erfährt, dass ich Märchenerzählerin bin, ist fasziniert und bittet: »Kommen Sie auch einmal zu uns.« Wenn wir dann eine Absprache über Termin, Ort und Honorar treffen, merke ich plötzlich, dass mein Gegenüber ganz selbstverständlich davon ausgegangen ist, dass es sich bei den Zuhörern um Kinder handele, während ich aus dem Interesse auf erwachsene Zuhörer geschlossen habe. Wie kommt das?

Dem eigenen Selbst auf die Spur kommen

Bei den meisten Erwachsenen sind Märchen in der Erinnerung natürlich in der Kindheit zu Hause. Sie können sich gar nicht vorstellen, dass diese »unwirklichen Geschichten« etwas mit ihnen zu tun haben könnten. Aber diese »unwirklichen Geschichten« können auf Erwachsene sehr stark wirken, so stark, dass Zuhörer plötzlich in Tränen ausbrechen, ohne selbst zu wissen, warum. Wer dem – vielleicht mit einem sachverständigen Helfer – nachspürt, kommt eventuell Wichtigem auf die Spur. Ich habe schon Wochen, Monate oder Jahre nach einem Erzähltermin Briefe von Zuhörern bekommen, die mir dankbar von den Anstößen oder Lösungen berichten, die ein Märchen bei ihnen ausgelöst hat. Diese Erfahrung ist wie ein Geschenk: Ich habe also damals unwissend ein Märchen ausgewählt, das ein Mensch gerade für seine Entwicklung brauchte. Aber auch mit dem Bewusstsein, die Zuhörerinnen und Zuhörer einfach gut unterhalten zu haben, kann ich zufrieden sein. Wie die Zusammenstellung der Märchen für eine Erzählstunde ausfällt, das hängt sicher auch von meiner seelisch-geistigen Verfassung ab.
Erwachsenen kann ich alle Märchentypen erzählen.

- In ihnen steckt ja noch das Kind, das sie einmal waren, also werden sie sich auf dieser Ebene ansprechen lassen und die einfach strukturierten Märchen und die Klassiker der Kindertage gern hören.
- Sie werden Verständnis haben für die harten Proben, die Märchenheldinnen und -helden durchstehen müssen: Entweder erkennen sie sich selbst in ihrem Berufsleben darin wieder oder sie werden an die schwierigen Jahre der Entwicklung ihrer Kinder erinnert.
- Sie werden sich freuen über befreienden Humor und Witz im Märchen, weil es im Leben oft so wenig zu lachen gibt.
- Sie werden ätiologische Märchen schätzen, die die Welt in ihrem Geworden- und So-sein bildhaft erklärt.
- Sie werden mythische Märchen mit der Erinnerung an die Mythen der Völker erkennen. Sie werden wahrnehmen, wie lange die Menschen sich schon mit den Märchenthemen in immer wieder neuen Formen beschäftigen, und welch ein Trost von der bezeugten Wiederkehr des immer Gleichen ausgehen kann.
- Sie werden Freude haben an der Zusammenstellung von mündlich tradierten Volksmärchen in mehreren Fassungen verschiedener Völker und Kulturen.
- Sie werden Interesse haben für die dem Volksmärchen verwandten Gattungen von Sage, Fabel, Legende und Kunstmärchen.
- Sie werden eventuell danach verlangen, dass die Erzählerin oder der Erzähler mit ihnen nach einer Deutung sucht.

Frauen hören besonders gern ein Märchen wie *Die kluge Sarnijar* aus Aserbaidschan.

Die kluge Sarnijar

*I*ch werde erzählen. – Was ich erzählen werde? Na, die Geschichte vom Kaufmann Mamed und seiner Frau Sarnijar.
Mamed reiste in fremde Länder und trieb Handel mit allerlei Waren. Seine Frau Sarnijar blieb zu Haus. Als er wieder einmal mit seiner Karawa-

ne unterwegs ist, gelangt er in eine unbekannte Stadt. Mit seinem Diener kehrt er in eine Herberge ein, und sie setzen sich zu Tisch, um sich bei Essen und Trinken von der langen Reise zu erholen. Da tritt ein Mann zu Mamed, grüßt ihn und spricht: »Kaufmann, ich sehe, du kommst aus einem fernen Land und kennst die hiesigen Sitten nicht!?« – »Was sind das für Sitten?« fragt Mamed. Der Mann antwortet: »Jeder, der in diese Stadt einzieht, macht dem Schah ein Geschenk; dafür lädt der Schah ihn zum Brettspiel ein.«

Das scheint dem Kaufmann eine willkommene Abwechslung bei seinen Geschäften. Also wählt er aus seinen Waren kostbare Stoffe, lässt sie dem Schah überbringen und wird zum Brettspiel geladen. Ehrerbietig grüßt er den Schah, der ihn erwartet. »Höre meine Bedingung,« spricht der Schah. »Ich besitze eine Katze, die kann sieben Leuchter auf ihrem Schwanz tragen. Wenn sie sich – während wir spielen – vom Abend bis zum Morgen nicht rührt, gehört dein Reichtum mir, und du bist mein Gefangener. Wenn sich die Katze jedoch von der Stelle rührt, sind die Schätze meines Landes dein, und ich bin in deiner Hand.«

Was sollte der Kaufmann tun? Ach, wäre er doch nie in diese Stadt eingekehrt! Nun musste er sich fügen. Die Katze wird hereingelassen, setzt sich vor ihren Herrn und kringelt den Schwanz. Sieben Leuchter werden darauf gestellt. Mamed und der Schah beginnen zu spielen. Sie spielen eine Stunde, noch eine Stunde – die Katze regt sich nicht. Sie spielen bis in den frühen Morgen, Mamed ermüdet, die Katze sitzt bewegungslos. Mamed spielt gut, keinen falschen Zug tut er, aber die Leuchter der Katze bringt er nicht zum Wanken. Da lässt der Schah ihn fesseln, in den Kerker werfen und sein Gold in den Palast tragen.

Zu Hause wartet Sarnijar auf Mameds Rückkehr. Sie wartet lange. Sie bangt um ihn, bis eines Tages Mameds Diener heimkommt, zu Fuß, schmutzig, in zerfetzten Kleidern. Er erzählt der Herrin von dem Unglück ihres Mannes. Und was tut die kluge Sarnijar? Sie rüstet zur Reise, nimmt Gold und Silber mit, zieht sich Männerkleider an und versteckt ihr Haar unter einer hohen Pelzmütze. Sie gönnt sich keine Ruhepause, bis sie in jener Stadt vor dem Schah erscheint. Als junger Kaufmann verkleidet überreicht sie dem Herrscher ein Geschenk und lässt sich die Bedingungen des Brettspiels erklären. Nun spielt der Schah mit Sarnijar das Brettspiel. Die Katze mit den Leuchtern auf dem Schwanz sitzt unbeweglich da, Stunde *um Stunde. Der Schah ist sich seines Sieges sicher, Sarnijar ist sich ihres Sieges ganz sicher. Als es schon zu tagen beginnt, öffnet sie ein Kästchen, das sie bei sich trägt, und lässt daraus unbemerkt eine Maus herausschlüpfen. Die Augen der Katze funkeln, die Schwanzspitze zuckt – der Schah blickt sie drohend an, da sitzt sie wieder regungslos. Nach einem Weilchen lässt Sarnijar eine zweite Maus und dann eine dritte hinausschlüpfen, die huschen hin und her, da streckt sich die Katze, macht einen Sprung, und die sieben Leuchter fallen klirrend um.*

So rettete Sarnijar ihren Mann und all ihren Reichtum, ja, sie verdoppelte ihn um die Schätze des Schahs. Sie kehrten fröhlich heim und lebten, aßen und tranken, so wie wir essen und trinken, und da – da läuft eine Maus, und das Märchen ist aus.

Nach einem Märchen aus Russland

Erwachsenen kann man jedes Märchen zumuten, vielleicht nicht jedes zu jeder Zeit. Die Erzählende, der Erzählende muss damit rechnen, dass die Märchen eine starke Betroffenheit auslösen können, dass manche Erwachsene einfach zuhören wollen wie die Kinder, ohne Kommentar und Erklärung, dass andere gerade etwas über Entstehung, Symbole und Hintergründe wissen möchten. Das kann für die Hörgemeinschaft sehr bereichernd sein, und die Zuhörer erfahren dabei, wie unterschiedlich die Märchen gehört, aufgenommen und gesehen werden. Dann wird klar, dass ein noch so gründlicher Deutungsversuch ein Märchen nie ausschöpfen und erklären kann. Es bleibt immer etwas Geheimnisvolles da, und das ist wohl gerade das Reizvolle und auch Wertvolle am Märchen: Die Zuhörer nehmen aus der Erzählstunde etwas mit, das weiterwirkt.

Dem Werden der Welt nachspüren

Ein Beispiel für ein ätiologisches Märchen ist *Die Himmelsleiter* aus Indonesien. Es muss wohl aus sehr alten Zeiten überliefert sein: Die anfängliche Nähe von Himmel und Erde und der Feuerraub deuten darauf hin. Es hat durch die Verwünschung der Alten auch ein typisches Zaubermärchenmotiv, was für ätiologische Märchen selten ist. Das naive Handeln der Kinder bringt Humor und Witz hinein.

Die Himmelsleiter

In früheren Zeiten konnten die Menschen von der Erde zum Himmel hinaufsteigen, und umgekehrt konnten die Menschen aus dem Himmel zur Erde hinabsteigen. Damals lagen Himmel und Erde noch nahe beieinander. Auf der Leiter aus Holz war ein ständiges Hinauf und Hinab.

Im Himmel lebte, nicht weit von der Leiter entfernt, eine Großmutter mit ihren beiden Enkeln. Eines Tages trug die alte Frau ihren Enkeln auf, zur Erde zu gehen und Feuer zu holen. Die beiden Kinder stiegen hinunter, um das Feuer zu holen. Sie gingen hierhin, gingen dorthin, und überall fragten sie nach einem Haus oder einem Ort, wo es Feuer gäbe. Nach langem Fragen kamen die beiden schließlich zu einer Hütte, darin war Feuer. Da sagt der Ältere: »Ha, jetzt haben wir das Feuer gefunden. Komm, wir tragen es zur Großmutter. Sie wird sich freuen, wenn sie es bekommt.« – »Ja, aber wie sollen wir es tragen?« fragt der Jüngere. »Ganz einfach«, sagt der Bruder, und er nahm ein Stück brennender Holzkohle mit der Hand auf. Weil sie glühte, warf er die Kohle wieder hin und sagt: »Vorsicht, Bruder, das Feuer hat Zähne. Es hat beinahe meine Hand abgebissen.« – »Zähne?« sagt der Jüngere. »Warte, ich hole ein Seil, dann binden wir die Kohle fest und schleifen sie hinter uns her.« Während er das sagt, geht er schon los und sucht ein Seil. Nachdem er eines gefunden hat, bindet er die Kohle fest. »Komm, Bruder«, sagt er jetzt zum Älteren, »wir ziehen die Kohle.« Er hat noch nicht ausgesprochen, da sieht er: Das Seil ist vom Feuer gefressen worden. »Ach, das Seil ist durchgebissen«, sagt da der Jüngere, »was sollen wir jetzt tun?« – »Ganz einfach«, antwortet der Ältere, »wir fangen die Kohle und stecken sie in meine Tasche.«

Sie holen die Kohle und stecken sie in die Tasche des Älteren. Einen Moment später brennt die Tasche auch schon, und die Kohle fällt zu Boden. Die beiden Kinder verzweifeln immer mehr. Was sollen sie tun mit so einem kleinen Feuer, das in die Hand beißen, Seile durchtrennen und Taschen durchlöchern kann?

»Wo sitzen eigentlich die Zähne des Feuers?« fragt der Jüngere. »Das weiß ich auch nicht«, erwidert sein Bruder. »Wenn ich es wüsste, würde ich ihm die Zähne ausschlagen!« Die beiden drehen die Kohle hin und her, wo wohl die Zähne sein könnten. Doch weil sie nirgends zu sehen sind, setzen sie sich ratlos hin.

Plötzlich sagt der Ältere: »Ich hab einen Plan. Lass uns die Kohle nehmen und in meine Decke packen; wir werden sie so fest einwickeln, dass sie nicht beißen kann.« Nachdem er so gesprochen hat, nimmt er die Kohle wieder und wickelt sie in seine Decke. Dann sagt er zum jüngeren Bruder: »Komm, Bruder, gehen wir heim, das Feuer kann jetzt nichts mehr machen«. Danach gehen sie mit dem eingewickelten Feuer zur Leiter. Sie wussten nicht, dass das Feuer bereits die Decke angesteckt hatte. Als es heiß wurde, sagte der Ältere: »Ayo, komm schnell, Bruder, es beginnt wieder zu beißen!« Und jetzt eilen sie in Richtung Leiter. Bevor sie dort ankommen, lodert das eingewickelte Feuer, verbrennt die Decke und verletzt den Körper des Älteren. Da werfen sie das Feuer auf den Boden und lassen es das Gras anbrennen, und die nahe der Leiter aufgehäuften trockenen Blätter brennen auch. Das Feuer lodert immer höher, und schließlich verbrennt auch die Holzleiter; die Menschen aus dem Himmel können nicht mehr auf die Erde, und umgekehrt die von der Erde nicht mehr in den Himmel.

Beim Anblick der brennenden Leiter fürchteten sich die beiden Kinder, liefen davon und versteckten sich im Wald. Als die alte Frau hörte, dass die Leiter, die Himmel und Erde verband, vom Feuer aufgefressen war, wusste sie, dass das ihre beiden Enkel angerichtet hatten. Zornig ging sie nahe an das Loch und rief nach ihren beiden Enkeln, doch niemand antwortete.

Im Zorn verwünschte sie die beiden. Als sie die Verwünschung ausgesprochen hatte, hob sich der Himmel höher und höher. Die beiden verwünschten Kinder wurden in Tauben verwandelt und flogen zum Himmel hinauf, doch sie kamen nicht durch, der Himmel hatte sich schon zu hoch erhoben. Die beiden kehrten zur Erde zurück, nahmen sich Frauen und lebten als blühende Paare, die sich, wie man heute sehen kann, zu Tausenden vermehrten.

Märchen für Erwachsene

Erinnern und ahnen

Märchen für alte Menschen

An Vertrautes anknüpfen

Was bedeutet ein Märchen für alte Menschen? »Märchen sind Erinnerung,« sagte eine alte Frau, »etwas, das war, das ist, und so wird es wohl auch immer sein.«

Das Erzählen oder Vorlesen vor alten Menschen ist eine wichtige, gute, nicht leichte Aufgabe, die aber auch sehr beglückend sein kann. Es gibt einige wenige Regeln zu beachten:

- Wegen der Ermüdungserscheinungen alter Menschen sollte ein Märchen nicht länger als zehn Minuten dauern.
- Alte Menschen lieben es, wenn man ihren ohnehin schweren Alltag leicht macht, sie hören gern lustige, heitere Märchen.
- Daneben aber auch Märchen, die schwere Lebenssituationen schildern. Das sind Erlebnisse, die in der Erinnerung gern noch einmal durchgestanden werden. Das Erinnern scheint eine wohltuende, befreiende Wirkung zu haben.
- Alte Menschen lieben es, Bekanntes wiederzuhören: Bei den aus der Kinderzeit vertrauten Klassikern fallen sie bei Versen und Formeln in den bekannten Wortlaut mit ein.
- Alte Menschen lieben es, wenn der oder die Erzählende ein Musikinstrument dabei hat und/oder auch mit ihnen ein Lied singt.

Auf seelischer Ebene wach werden

Alte Menschen schätzen es sehr, wenn man nicht nur einmal kommt, sondern wenn sie sich auf Wiederholungen freuen können, die von ihrem gewöhnlichen alltäglichen Rhythmus abweichen und etwas Besonderes sind. Das äußerte ein alter Mann einmal so: »Kommen Sie recht bald wieder. Wenn Sie zum Erzählen kommen, vertragen wir uns immer alle.«

Besonders eindrucksvoll war die Reaktion einer alten Dame, die zur Erzählstunde im Rollstuhl in den Raum gefahren und in die Runde der Zuhörenden gestellt wurde. Sie schien unbeteiligt und abwesend zu sein. Kein Gespanntsein, keine Vorfreude, keine Neugierde waren in ihrem Gesicht zu lesen. Sie blickte starr geradeaus auf den Boden, zeigte keine Reaktion auf die Begrüßung der anderen und gab auf keine Frage der Betreuerin eine Antwort: »Sitzen Sie gut? – Können Sie gut sehen? – Ist Ihnen warm genug?« – und anderes mehr. Nach den ersten Sätzen des Märchens hob die alte Dame ihren Kopf und blickte in meine Richtung, ihre Züge belebten, ja beseelten sich, ihre Augen bekamen Ausdruck und hielten Zwiesprache mit mir, das heißt mit dem Märchen. Nach einer Weile nickte sie ein, wachte wieder auf, und es schien, als hätte sie im Dämmerzustand mitgehört. Nachdem das Märchen zu Ende und die Musik auf der Leier verklungen war, sackte die alte Dame wieder in sich zusammen. Durch keine Frage war sie zu erreichen, sie hatte wie die Kinder mit dem Herzen gehört, nicht mit dem Verstand. Ich habe sie nicht wiedergesehen. Bei meinem nächsten Besuch in dem Heim erzählte mir die Pflegerin von ihrem Tod.

Ein nicht sehr bekanntes Märchen, das von alten Menschen gern gehört wird, ist aus Rumänien: »Die drei goldenen Haare«. Vom Altsein, Sterben und Neuwerden der Sonne wird darin erzählt, also von Sonnenuntergang und –aufgang in ständiger Wiederholung. Die Darstellung dieses Geschehens, das sich seit Urzeiten abspielt, ist zeitlos, allgemeingültig, und das ist offenbar etwas sehr Tröstliches und Beruhigendes. Wenn ich dieses Märchen erzähle, höre ich hinterher oft diese oder ähnliche Worte: »Das tut gut.«

Die drei goldenen Haare

Es war einmal ein alter Mann. Mitten in der Nacht, in einer dunklen Nacht, ging er durch den Wald. Sein Licht war fast abgebrannt, und nur mühsam fand er seinen Weg. Da sieht er in der Ferne einen Schein, und Rauch steigt auf. Er geht darauf zu, und als er die Waldhütte er-

reicht, ist sein Licht niedergebrannt. Kaum, dass er die Tür aufgestoßen hat, sinkt er erschöpft zu Boden. Am Feuer sitzt eine alte Frau, die Uralte. Als sie den Mann sieht, steht sie auf, geht zu ihm und trägt ihn zum Feuer. Da wiegt sie den Alten in ihrem Schoß, und sie summt: »m-mm, m-mm, m-mm«, sie wiegt ihn in den Schlaf. Die ganze Nacht lang wiegt sie ihn und singt dazu ein altes Lied. Noch bevor der Morgen graut, ist der Alte zu einem jungen Mann geworden, zu einem Jüngling mit goldenem Haar. Die Alte singt weiter: »m-mm, m-mm, m-mm«, und der Jüngling schläft.

Als der Morgen dämmert, ist aus dem Jüngling ein Knabe geworden, und als die Nacht dem Morgen weicht, da zupft die Alte dem Kind drei goldene Haare aus und wirft sie auf den Boden. »Ping – ping – ping.« Da wacht das Kind auf, die Alte lässt den Knaben von ihrem Schoß, er läuft zur Tür, öffnet sie, und als Morgensonne steigt er zum Himmel hinauf.

Nach einem Märchen aus der Sammlung von Clarissa Pinkola Estés

Sonnenuntergang und Sonnenaufgang

Da wird eigentlich nicht viel und nichts Besonderes erzählt: Es geht etwas zu Ende, und es beginnt etwas Neues. Es wird Nacht, und es wird Tag. Es gibt Tod, und es gibt Leben. Es gibt Dunkelheit, und es gibt Licht. Am Übergang von dem einen zum anderen sitzt eine helfende, haltende, wiegende, singende Kraft, die empfängt und wieder freilässt. Es ist so erzählt, dass die Zuhörenden es als eine Urgeschichte von Sterben und Neuwerden des Tages, des Menschen, des Lebens schlechthin wahrnehmen. Jeder Mensch gleich welchen Geschlechts oder Charakters kann sich darin wiederfinden, wenn er sich darauf einlässt. Wir können zuhörend einstimmen in das alte Lied der Uralten, weil wir im Einverständnis mit ihr sind: Unser Leben besteht aus Werden und Vergehen, wir erfahren Leid und Freude, sind jung und werden alt, und bei allem können wir uns auf die Kraft verlassen, die uns aufhebt und zum verwandelnden Feuer trägt, bis der neue Tag »tönt« – »die Sonne tönt nach alter Weise«, so nennt Goethe dieses ewige Geschehen im Faust. »Wer ist die Alte«? werde ich nach dem Erzählen meist von jungen

Menschen gefragt. Ich weiß es nicht, aber ich könnte sie mit Hanna-Barbara Gerles (geb. 1945; Akademische Rätin am »Guardini-Lehrstuhl« der Universität München) Worten die »ewig sich wandelnde altjunge Göttin Natur« nennen. Der Mythenforscher Joseph Campbell (1904-1987) spricht von der »mythischen Figur der Weltmutter«, die in den Tantrischen Büchern Indiens eine erstaunliche Ähnlichkeit mit der Uralten dieses Märchens zeigt: »in einem Hain von Bäumen .... Die Göttin selbst ist rot vom Feuer des Lebens .... Sie ist die Weltgebärerin .... Ebenso aber ist sie der Tod alles Sterbenden. Der ganze Kreis des Daseins begibt sich zu ihr, von der Geburt über Jugend, Reife und Alter bis zum Grab.«

»Und was bedeuten die drei goldenen Haare?« werde ich gefragt. Auch dazu kann ich keine Erklärung, nur eine Andeutung geben, die wissenschaftlich ungeprüft, aber vielleicht passend ist: Die Kelten kennzeichneten auf ihren Münzen die Sonne jeweils mit drei Strahlen.

Offenbar geht von diesem nicht auszudeutenden Märchen eine große Kraft aus, die wohl hilft, das Licht am Ende des dunklen Tunnels zu sehen oder mindestens zu erwarten.

Erheiternd ist – obwohl es auch den Tod zum Thema hat – ein italienisches Märchen, das von einem einfältigen italienischen Bauern erzählt. Schmunzeln wir bei seiner Leichtgläubigkeit über ihn, über uns?

Geschichte von einem Mann, der ...

*E*s war einmal ein Bauer – Meloni war sein Name. Eines Tages sagt er zu seiner Frau: »Ich steig zum Weinberg hinauf, da gibt's viel zu tun.« Und er ist gegangen.

Wie er so bei der Arbeit ist – es ist sehr heiß gewesen – da hat er gähnen müssen. »Jetzt heißt es aufpassen,« hat er gesagt, »wer dreimal hintereinander gähnt, der muss sterben.« Und er hat weitergearbeitet. Aber nicht lange, da hat er wieder gähnen müssen. »Wenn ich jetzt nicht aufpasse, dann muss ich noch einmal gähnen, und dann ist's aus mit mir, dann muss ich sterben.« Und er hat einen Schluck Wein getrunken. Aber das hat nicht geholfen, der Bauer ist noch müder geworden. Und nach einiger Zeit hat er wieder gähnen müssen. »Aus! Aus ist's mit mir, ich sterbe.« Er hat sich auf den Boden gelegt, und er hat die Hände schön gefaltet.

Als am Abend der Bauer nicht heimgekommen ist, da ist die Frau zum Nachbarn gegangen und hat gesagt: »Mein Mann ist nicht heimgekommen.«

»So,« hat der Nachbar gesagt, »wo ist er denn hingegangen?«

»Er ist in unsern Weinberg gegangen«, hat die Frau geantwortet.

Da haben sie eine Laterne genommen, zwei Burschen sind noch mitgegangen, und so sind hinaufgestiegen zum Weinberg. Und als sie hineingegangen sind, haben sie den Bauern gefunden, die Hände auf der Brust. Und da haben sie alle geglaubt, dass er tot ist. Sie haben eine Bahre geholt und haben ihn heimgetragen. Daheim haben sie ihn auf den Fußboden gelegt und haben Kerzen angezündet, und die Frau hat geklagt.

»So ist das also, wenn man tot ist«, hat sich der Mann gedacht, und er hat sich nicht gerührt. Man hat alle Bekannten und Verwandten geholt, und sie haben sich da auf den Fußboden gesetzt und haben mitgeklagt. Als es schon Morgen geworden ist, da kommt ein Vetter vom Bauern Meloni, der ist ihm noch Geld schuldig gewesen. Da hat sich der Bauer gedacht: »Der Vetter ist ein Gauner, und meine Frau weiß nicht, dass er uns Geld schuldig ist. Wenn ich jetzt nichts sage, dann bekommt sie das Geld niemals!« Und er hat sich aufgerichtet und hat gesagt: »Beppe, hast du das Geld mitgebracht?« Da haben alle Leute geschrien und gesagt: »Ja, bist du denn nicht tot?« »Ja,« hat der Bauer gesagt, »ich weiß es nicht genau. Ich hab dreimal gähnen müssen, und dann bin ich gestorben. Aber ich kann euch gut verstehen.«

Da hat sein Vetter gesagt: »Ja, wenn du noch lebst, dann muss ich dir dein Geld schon zurückgeben.« Und er hat es aus der Tasche genommen und seinem Vetter hingehalten. Der hat es gezählt, und da haben alle gesagt: »Solange er noch Geld zählen kann, ist er noch lebendig.« Und dann haben sie wer weiß wie viel Wein getrunken, um sich von dem Schrecken zu erholen.

Und ich hab gedacht: »Solange ich erzählen kann, bin ich noch lebendig.«

Nach einem Märchen aus Italien

Märchen für alte Menschen   95

Bildsprache und Traumsprache

Zur Grausamkeit im Märchen

Destruktiv oder konstruktiv?

»Zuhören könnte ich Ihnen stundenlang, aber meinen Kindern erzähle ich so was nicht!« So reagierte ein junger Vater bei einem Elternabend im Kindergarten, nachdem er dem Erzählen von mehreren Märchen mit sichtbarer Entspannung und großem Genuss gelauscht hatte. Er fügte noch hinzu: »Das hat mir richtig gut getan, aber für die Kinder ist das zu grausam.«

Ich hatte absichtlich Märchen gewählt, in denen Königssöhne geköpft wurden, ein Kind von dem Vater an eine Hexe versprochen wird, dem Helden die Augen ausgestochen werden. Wir wollten über das Thema *Grausamkeit im Märchen* ins Gespräch kommen. Was geschieht da nicht alles: Der Wolf verschlingt Rotkäppchen oder die sieben Geißlein, die Königin muss sich in glühenden Schuhen zu Tode tanzen, Hände und Köpfe werden abgeschlagen, Augen ausgestochen, Brüder ermordet. Das klingt nach Folterkammer und Verbrechen. So etwas ist doch wirklich kein Thema für kleine Kinder! Das stimmt, aber warum finden wir die Märchen, die davon erzählen, in dem als *Kinder- und Hausmärchen* benannten Buch der Brüder Grimm? Wie ist es zu erklären, dass nicht nur Erwachsene, sondern auch Kinder – vor allem Kinder – diese Märchen so gerne hören?

Es ist hilfreich, sich klarzumachen: Märchen sparen die Grausamkeiten des Lebens nicht aus, aber sie machen sie nicht zum Thema. Thema des Volksmärchens ist nicht das Destruktive, sondern das Konstruktive. Nicht vom Zerstörerischen, sondern vom Gelingen des Lebens erzählen die Märchen. Dass dies nicht immer leicht und schmerzlos geht, verschweigen die Märchen nicht. Aber dieses *Wie*, das macht uns zu schaffen.

Stellen wir die Frage einmal anders: Wenn das Märchen sich schon so lange und gegen so viel Ablehnung und Anfeindung behauptet hat, ist dann nicht vielleicht doch etwas dran, was für den Menschen wichtig und von Bedeutung ist? Ist dann auch die Grausamkeit im Märchen wichtig und richtig? Verstehe ich sie vielleicht nur nicht, sehe ich sie zu vordergründig an?

Tatsache ist, dass Kinder die Grausamkeit nicht stört. Während sie sich bei Bildern im Fernsehen die Augen zuhalten (leider zu spät!), finden sie beim Hören von *Schneewittchen* ganz in Ordnung, dass die böse Stiefmutter sich in glühenden Schuhen zu Tode tanzen muss. Die Kinder haben ein Empfinden dafür, dass das Böse *grausam* bestraft werden muss. Sie zucken nicht mit der Wimper, wenn dem untauglichen Freier im Märchen der Kopf abgeschlagen wird. Da könnte man meinen, sie seien abgebrüht, aber dann lassen wir etwas Entscheidendes außer Acht: Es gibt einen Unterschied zwischen *alltäglicher Sprache*, die sich der *Begriffe* bedient, und der *Bildsprache,* die *bildhafte Worte* gebraucht. Was heißt das? Und ist diese Behauptung nicht nur eine herbeigesuchte Konstruktion, um die Grausamkeit im Märchen zu rechtfertigen? Können wir diese Stellen nicht einfach streichen?

Begriff und Bildwort: zwei Seiten einer Medaille

Es gibt die Begriffssprache, die wir für unser Kommunizieren, unsere alltägliche Verständigung benutzen, und es gibt die Bildsprache, die die Sprache der symbolhaften Geschichten ist. Wenn jemand sagt: »Gestern habe ich mich im Wald verirrt«, teilt er uns mit, er habe seinen Weg verpasst, der ihn in kürzester Zeit zu seinem Ziel gebracht hätte. Wenn dagegen jemand sagt: »Ich habe den Wald vor lauter Bäumen nicht gesehen«, so spricht er *durch die Blume,* und sagt uns mit diesem Bild vom Wald und den Bäumen, dass er das Ganze nicht mehr überschauen konnte, weil er sich an Einzelheiten aufgehalten hat und den Überblick verloren hat.

Noch deutlicher wird die Unterscheidung von Begriff und Bildwort, wenn sich das Wort als Begriff nicht mit dem Wort als Bild deckt: Ein Tier, das mit Flügeln fliegen kann, ist ein *Vogel*. Im Märchen ist ein Vogel aber nicht nur ein Tier, das fliegen kann, sondern es ist auch ein Bild für *Freiheit* oder *Gedankenflug* oder *Aufschwungkraft*. Begriffe können wir definieren, bildhafte Worte und Symbole nicht, sie sind nie eindeutig, sondern immer vieldeutig, sie umschreiben das Gemeinte. So steht der *Hund* im Märchen etwa für einen guten *Spürsinn,* der *Drache* für eine *tödliche, verschlingende Gefahr* oder für einen *bösen Widersacher.* Die Begriffe Vogel, Hund, Drache fassen wir mit dem Verstand auf und stellen einen Wirklichkeitsbezug zu ihnen her. Im Märchen stehen sie für ein innerseelisches Bild, für eine Erfahrung des Menschen. Wir können uns frei fühlen wie ein Vogel; wir können Spürsinn beweisen, wenn wir etwas oder jemandem auf der Fährte sind wie ein Hund; wir können uns von einer bösen, gewaltigen Macht angegriffen fühlen wie von einem Drachen, mit dem und gegen den wir kämpfen müssen, um Unheil abzuwenden.

Bei Antoine de Saint-Exupéry heißt es in seinem Buch vom *kleinen Prinzen* mit bildhaften Worten: »Man sieht nur mit dem Herzen gut«. Wir wissen natürlich, dass das Herz kein Auge hat, und doch verstehen wir, was gemeint ist. Kinder bis zum Alter von neun oder zehn Jahren sprechen und verstehen die symbolhafte Sprache, das wird immer wieder deutlich. Wenn sie Angst spüren, gebrauchen sie oft nicht den abstrakten Begriff *Angst,* um ihren Seelenzustand zu beschreiben, sondern sie umschreiben ihn bildhaft etwa so: »Unterm Bett liegt ein Wolf«, »ein großes schwarzes Tier« oder Ähnliches. Mit diesem Verständnis und Wissen von der Bildsprache können wir auch die Grausamkeiten in den Märchen entschlüsseln. An einigen Beispielen soll es verdeutlicht werden.

Verschlingender Wolf

Vom Wolf und den sieben Geißlein (KHM 5) sei noch einmal erwähnt, dass der Wolf die Geißlein nicht *frisst,* sondern *verschlingt,* also auf einmal hinunterschluckt: ein Bild für die Angst, die beim Verlassensein durch die Mutter entstehen kann. Wenn sie wieder da ist, befreit sie die Kinder aus dieser Angst wie aus dem Bauch des Wolfes. Auch das Aufschneiden des Wanstes, das Füllen mit Wackersteinen, das Zunähen und das In-den-Brunnen-fallen des Wolfes werden verständlich als eine Auflösung, Auftrennung des Problems, das in der Tiefe versinkt.

An dem folgenden Erlebnis eines Vaters und seines Sohnes beim Märchenerzählen lässt sich erkennen, wie zerstörerisch die Grausamkeit wirken kann, wenn wir Bildhaftes in unsere uns umgebende Wirklichkeit zu übersetzen versuchen, weil wir eine (gut gemeinte) Erklärung geben wollen.

Der Vater hat seinem Sohn wiederholt das Märchen *Vom Wolf und den sieben Geißlein* erzählt. Das Kind hat gespannt zugehört und fragt dann eines Tages: »Wie sieht der Wolf aus?« Der Vater antwortet: »Wölfe sehen ähnlich aus wie Schäferhunde, so wie der Hund unseres Nachbarn.« Da hat der Junge angefangen zu weinen und hat gesagt: »Der Wolf soll nicht sterben!« Der Hund des Nachbarn war ihm ein lieber Spielkamerad und ganz untauglich für das Bild von überwältigendem Schrecken. Der Junge hat sich erst wieder beruhigen können, als der Vater den Schluss des Märchens abänderte: »Der Wolf gräbt unten im Brunnen einen Tunnel bis in den Wald, und dort kann er sich befreien.«

An diesem Beispiel ist zu bedenken, dass der Junge den Tod des Wolfes im Märchen akzeptiert hat, ja dass er ihn befriedigt hat, bis zu dem Tag, an dem der Vater das Bild vom verschlingenden Wolf erklärend an die Wirklichkeit anzuschließen versucht. Erst da wird es für den Jungen grausam. Als Bild bleibt sowohl das Verschlingen der Geißlein als auch der Tod des Wolfes innerseelische Wahrheit, die mitvollzogen wird im Schrecken der überwältigenden Dunkelheit und der erlösenden, befreienden Helligkeit.

Böse Stiefmutter

In vielen Märchen ist die Stiefmutter eine böse Frau. Das macht manchen Müttern, die durch eine Zweitheirat Kinder aus einer anderen Verbindung angenommen haben, schwer zu schaffen, und das ist verständlich. Es ist gut zu wissen: Ursprünglich wurden diese bösen Frauenfiguren nicht als Stiefmütter bezeichnet, die Brüder Grimm haben sie eingeführt; auch erleben Kinder die eigene leibliche Mutter auch des öfteren als »Stiefmutter«. Wenn die Mutter etwas verbietet, versagt, nicht als die warmherzige, nährende Mutter erlebt wird, als die jedes Kind sie in der frühesten Phase kennt, dann *ist* sie zu diesem Zeitpunkt für das

Kind die *Stiefmutter*. Die Kinder sprechen sie dann sogar als solche an. Dagegen haben mir Mütter von nicht leiblichen Kindern schon des öfteren geschildert, wie diese zu ihnen sagten: »Du bist meine richtige Mutter«. Das zeigt, Kinder erleben auch in der leiblichen guten Mutter bisweilen die sich versteifende Stiefmutter, und umgekehrt sind die realen Stiefmütter im Erleben des Kindes die guten Mütter, wenn sie gewährend und zuneigend sind. Letztlich muss jede Mutter für ihr Kind irgendwann zur Stiefmutter werden, sonst gäbe es keinen Ablösungsprozess, der die Kinder selbstständig und zum eigenständigen Handeln fähig macht. In manchen Märchen wird dieser Vorgang nicht von einer Stiefmutter in Gang gesetzt, sondern da heißt es dann etwa: »Vater und Mutter hatten die Kinder aus dem Haus gejagt«. Es schmeichelt uns Eltern nicht gerade, als Bösewichte hingestellt zu werden. Symbolisch verstanden und von den Kindern auch so aufgefasst, ist damit der Schritt vom abhängigen Kind zum selbständig werdenden gemeint. Dieser Schritt geht meistens nicht schmerzlos vor sich und wird deshalb vom Kind wie ein Ausgesetztwerden erlebt.

Rotglühende Schuhe

Das Märchen von *Schneewittchen* (KHM 53) ist gut bekannt. Der Schluss wird hier zitiert, um das grausame Tanzen in den glühenden Schuhen genau ansehen zu können. Nachdem die Königin zum letzten Mal den Spiegel befragt und erfahren hat, dass Schneewittchen lebt, heißt es: *Da stieß das böse Weib einen Fluch aus, und ward ihr so angst, so angst, dass sie sich nicht zu fassen wusste. Sie wollte zuerst gar nicht auf die Hochzeit kommen; doch ließ es ihr keine Ruhe, sie musste fort und die junge Königin sehen. Und wie sie hineintrat, erkannte sie Schneewittchen, und vor Angst und Schrecken stand sie da und konnte sich nicht regen. Aber es waren schon eiserne Pantoffeln über Kohlenfeuer gestellt und wurden mit Zangen hineingetragen und vor sie hingestellt. Da musste sie in die rotglühenden Schuhe treten und so lange tanzen, bis sie tot zur Erde fiel.*
Es wird von Erwachsenen immer wieder eingewandt, den Schluss sollte man doch lieber weglassen. Aber Kinder verlangen danach. Sie fordern

die Bestrafung des Bösen nicht etwa, weil sie rachsüchtig wären. Sie erleben das Böse ja nicht nur außerhalb ihrer selbst, sondern kennen es auch bei sich. Nach einer bösen Tat kann uns *so angst* werden, dass wir uns *nicht zu lassen wissen.* Rührt sich da das schlechte Gewissen? *Vor Angst und Schrecken stand sie da,* die rotglühenden Schuhe wurden *vor sie hingestellt. Da musste sie hineintreten ...* Ist es innerer eigener Zwang, der es ihr gebietet? Es wird nicht gesagt, dass sie von jemandem gezwungen wurde. Wenn wir ein schlechtes Gewissen haben, dann *sitzen wir wie auf glühenden Kohlen.* Sind die rotglühenden Schuhe hier ein Ausdruck des *brennenden* Gewissens, der *glühenden* Scham? Das Böse in uns wird ausgebrannt und stirbt, das ist das Bild von den glühenden Schuhen, in denen sich die böse Königin zu Tode tanzt. Kinder begreifen sehr wohl, dass sie nicht immer gut sind. Es ist eine Wohltat für sie zu hören, dass das Böse zum Schluss verglüht und damit verschwindet.

Ausgestochene Augen

Im Märchen *Rapunzel* (KHM 12) stößt die Zauberin den Königssohn vom Turm herab. Die Augen werden ihm von Dornen ausgestochen, er irrt blind umher. Wenn wir das vorherige Geschehen mit bedenken, wird uns klar, dass dieser Königssohn von vornherein nicht sah, was es für ihn zu tun gegeben hätte. Er ist nicht *um-sichtig, sieht nicht klar,* denn Rapunzel ist es, die mit ihrem langen Haar die Verbindung herstellt und mit der Idee, eine Leiter zu flechten, eine Möglichkeit zur Flucht schafft. Als Rapunzel aus seinem *Gesichtsfeld* verschwindet, *sieht* er gar keine Lösungsmöglichkeit mehr, an sein Ziel zu kommen, »er irrte blind im Walde umher«. Erst die Freudentränen von Rapunzel, und das ist ja wohl ihre Liebe zu ihm, heilen ihn von seiner Blindheit. Wenn ein Mensch wiederholt die nahe liegende Lösung eines Problems nicht sieht, sagt er beim endlich gefundenen Einfall zu sich selbst: »Ja, war ich denn blind?« »Wo hatte ich nur meine Augen?«

Fass mit Nägeln

Ein Beispiel für eine selbst eingehandelte Bestrafung ist das Bild vom Nagelfass in der *Gänsemagd* (KHM 89). Die falsche Braut spricht sich ihr eigenes Urteil: *Der alte König gab der Kammerfrau ein Rätsel auf, was eine solche wert wäre, die den Herrn so und so betrogen hätte ... und fragte: »Welches Urteils ist diese würdig?« Da sprach die falsche Braut: »Die ist nichts Besseres wert, als dass sie splitternackt ausgezogen und in ein Fass gesteckt wird, das inwendig mit spitzen Nägeln beschlagen ist; und zwei weiße Pferde müssen vorgespannt werden, die sie Gasse auf, Gasse ab zu Tode schleifen.« »Das bist du«, sprach der alte König, »und hast dein eigen Urteil gefunden, und danach soll dir widerfahren.«* Die böse Tat hat die Kammerfrau wie in ein Fass mit spitzen Nägeln eingeschlossen, das sie nicht nur vom Kontakt mit der Umwelt abschließt, sondern ihr solche Pein bereitet, dass sie daran stirbt. Damit ist das Böse verschwunden, und die rechte Braut, *die gute Seite* könnten wir sagen, kann Hochzeit feiern.

Manche Zuhörer empfinden in diesem Märchen auch das Töten des Pferdes als besonders grausam. Um dieses Bild zu durchschauen, sehen wir uns die Königstochter an: Sie hat ihr Reittier schon verloren, als es noch lebte. Es ist gewissermaßen ein Teil ihrer selbst, eine Kraft, die sie getragen hat, bis sie der Kammerfrau und ihren Forderungen nicht widerstehen kann. Tiere haben einen gesunden Instinkt, der sie an ihr Ziel trägt. Diese Tragekraft hat die Königstochter aus Schwachheit verloren. Nur noch die Stimme des sprechenden Pferdes vernimmt sie, die ihr gleichsam Mut macht, die Zeit des Dienens durchzustehen.

Abgeschlagene Hände

Beim Hören des Märchens *Das Mädchen ohne Hände* (KHM 31) können wir es kaum fassen, dass der Vater auf des Teufels Geheiß seiner Tochter die Hände abhackt. Um so etwas Grausames zu verstehen, kann uns nur das Entschlüsseln der Bildsprache helfen. Der Vater hat über das Mädchen verfügt, er hat sie dem Teufel versprochen, sie kann nicht mehr eigenständig *hand*-eln. Das Wort handeln ist von Hand abgeleitet. Abgeschlagene Hände sind ein Bild für einen Zustand der *Hand*-lungsunfähigkeit. Das Märchen zeigt aber, dass dieser Zustand nur vorübergehend ist. Dem Mädchen wachsen neue Hände. Um das grausame Handeln des Vaters zu verstehen, können wir uns vergegenwärtigen, wie schwer es Vätern oft fällt, ihre Töchter selbständig ins Leben zu entlassen. Der Handlungsunfähigkeit genügen oft schon *gebundene Hände* und eine eingeschränkte *Handlungsfähigkeit*. Auch dieses sind Ausdrücke, die uns das Bild der *abgeschlagenen Hände* verdeutlichen.

Abgeschnittene Fersen und Zehen

Im *Aschenputtel* (KHM 21) schneiden die beiden Schwestern sich die Fersen und die Zehen ab, um ihre großen Füße in den Schuh von Aschenputtel zu zwängen. In Wirklichkeit wird das niemand tun, es ist also auch wieder bildhaft gemeint und sagt uns vielleicht, dass diese Mädchen *nicht recht Fuß fassen* und *keinen rechten Standpunkt* einnehmen mit ihrem hochmütigen Verhalten gegenüber dem Aschenputtel.

Versteinerung

Zur Versteinerung zuerst ein georgisches Märchen: Ein Enkelkind geht bis zur Sonne, um seinen versteinerten Vater wieder lebendig zu machen. Mit dem für die Familie gewonnenen Heil bringt das Kind zugleich Wissen über noch unbekannte Kulturgüter zu den Menschen. An diesem Beispiel lässt sich ahnen, wie alt solch ein Märchen ist.

Der steinerne Jüngling

Es lebte einmal ein König in großem Kummer, er hatte keine Kinder. Aber im Alter wurde ihm ein Sohn geschenkt. Er dachte: »Ich will ihn vor allem Bösen bewahren!« Er ließ einen hohen Turm bauen, da-

hinein wurde der Königssohn gebracht, Speise und Trank wurden ihm gebracht, aber er durfte nie hinaus. So wuchs der Königssohn wie ein Gefangener heran.

Eines Tages aber hat sich die Sonne in diesen Königssohn verliebt. Jeden Morgen, wenn sie aufging, hat sie seinen Turm vergoldet und dem Jüngling ihren ersten Strahl gesandt, damit er erwache. Dann ist er aufgestanden, hat sich gewaschen und angekleidet, ist ans Fenster getreten, hat die Sonne angeblickt und hat gegähnt. Das hat die Sonne gekränkt, aber sie verzieh es ihm immer wieder. Endlich aber ist sie zornig geworden, hat dem Königssohn einen Schlag versetzt, und er versteinerte. Am Tag ist er aus Stein gewesen, in der Nacht aber ist er zum Leben erwacht. Aber der König weiß nichts davon, und in seinem Kummer bringt er ihn an einen heiligen Ort tief im Wald, dort lässt er ihn ruhen. In der folgenden Nacht kommt ein Mädchen zu dem Königssohn und bleibt bei ihm. Seit dieser Nacht erwartet sie ein Kind, und als sie niederkommen soll, sagt der Königssohn zu ihr: »Geh zu meinem Vater und bitte ihn, dass er dich wenigstens im Hühnerstall aufnimmt!«

Sie tut es, und da wird sie in den leeren Gänsestall geführt, dort gebiert sie einen Sohn. Des Nachts kommt der Königssohn aus dem Wald, lehnt sich an eine Wandritze und fragt: »Jassaman-gulissaman, wie geht es dir, und was macht mein Sohn?«

»Dein Sohn liegt im Stroh wie ich«, antwortet die junge Frau. Wehen Herzens geht der Königssohn in den Wald zurück. Ein Diener hat sie belauscht und berichtet dem alten König alles. Da befiehlt er, die junge Frau ins beste Gemach zu bringen und sie auf Daunen und Atlas zu betten. In der zweiten Nacht kommt der Königssohn wieder und verweilt an der Tür: »Jassaman-gulissaman, wie geht es dir, und was macht mein Sohn?«

»Dein Sohn liegt auf Daunen, und ich bin in Atlas gehüllt«, antwortet die Frau. Froh geht der Königssohn davon. Der alte König aber sehnt sich nach seinem Sohn, er geht zur Schwiegertochter und gebietet ihr: »Wenn dein Mann kommt, bitte ihn einzutreten und dir Wasser zu reichen!« In der dritten Nacht tritt der Königssohn wieder an die Tür: »Jassaman-gulissaman, wie geht es dir, und was macht mein Sohn?« »Dein Sohn liegt auf weichen Daunen, und ich bin in kostbaren Atlas gehüllt«, sagt die junge Frau, »tritt ein und reiche mir Wasser!« Kaum aber hat er

♕   Zur Grausamkeit im Märchen

das Zimmer betreten, da umringen ihn die Leute des Königs, schließen die Tür zu und lassen ihn nicht wieder hinaus. Als der Morgen anbricht, wird der Königssohn zu Stein, und von nun an erwacht er nicht mehr zum Leben, weder am Tag noch in der Nacht. Seine junge Frau weint, der alte König trauert, aber was hilft das?

Der kleine Enkel jedoch, der wächst heran und gedeiht mit jedem Tag. Einmal spielt er am Ufer des Flusses mit Steinen, da kommt eine alte Frau daher mit einem Krug, um Wasser zu schöpfen. Der Junge trifft den Krug, und er zerbricht in Scherben. Die Alte wendet sich um und sagt: »Ich verwünsche dich nicht, weil dein Großvater ohnehin Gram im Herzen trägt. Du aber solltest erkunden, wie du deinen Vater wieder lebendig machen kannst!« Der Junge wundert sich: »Was hat die Alte da gesagt?« Er weiß nichts von seinem Vater, läuft zur Mutter und ruft: »Mutter, wo ist mein Vater?« Die Mutter erschrickt, aber dann zeigt sie ihm den Stein und sagt: »Das ist er«, und sie erzählt dem Jungen, was geschehen ist. Da spricht der Sohn: »Ich will zu der Mutter von der Sonne gehen und sie um Hilfe bitten!« Er macht sich auf den Weg, er geht eine lange Zeit. Einmal sieht er Ackersleute auf dem Feld, die haben neun Paar Ochsen vorgespannt, und dennoch kommen sie nicht vom Fleck, sie treiben die Tiere mit Peitschenhieben an, triefen selbst vor Schweiß, aber es nützt nichts. Da sieht der Junge: »Nicht nur die Pflugschar ist aus Eisen, nein, auch der Pflug und die Riemen, die Joche und das Schirrzeug!« Da geht er zu ihnen: »Seid gegrüßt!« – »Auch du sei gegrüßt. Wohin gehst du?« »Ich suche die Mutter der Sonne.« –«Was willst du von ihr?« Da erzählt der Junge alles, was sich zugetragen hat, und sie bitten ihn: »Ach, sei unser Freund und erkunde, warum wir uns so quälen müssen: Wir kommen mit dem Ackern nicht zurecht.«

»Gut, ich werd es erfahren«, verspricht der Junge und geht weiter. Da sieht er eine Schafherde, von Hirten behütet, doch die Schafe können sich kaum mehr rühren: Ihre Wolle hängt bis zur Erde herab, und sie verschmachten fast vor Hitze.

»Seid gegrüßt!« ruft er den Hirten zu. »Auch du sei gegrüßt, wohin wanderst du?« »Ich suche die Mutter der Sonne!« Da rufen die Hirten: »Sei unser Freund und hole uns Rat, was wir tun sollen. Du siehst ja, dass wir zugrunde gehen.!« – »Gut, ich will es tun«, antwortet der Junge. Er übernachtet bei den Hirten, und am nächsten Morgen zieht er weiter. Er

ist noch nicht weit gegangen, da erblickt er einen Hirsch: Sein Maul berührt die Erde, das Geweih aber reicht bis zum Himmel hinauf. Reglos steht er da, er kann sich nicht mehr rühren. Der Junge aber freut sich: Er hat eine Leiter in den Himmel gefunden!

»Lass mich an deinem Geweih hinaufklettern!« bittet er. »Das will ich gern«, antwortet der Hirsch. »Erkundige dich dort oben, wie ich mein Geweih abwerfen kann – es ist mein Untergang.« – »Gut, das will ich erfahren«. Der Junge klettert am Geweih empor, er klettert und klettert, bis er zur Mutter der Sonne gelangt.

»Was hat dich zu mir geführt?« fragt sie ihn. Und er erzählt: »Die Sonne hat meinen Vater in einen Stein verwandelt, ich muss erfahren, wie ich ihm helfen kann. Lehr du es mich!« »Warte, bis die Sonne heimkommt, dann will ich es erfragen«, bei diesen Worten haucht die Mutter der Sonne den Jungen an und verwandelt ihn in eine Zwiebel, die sie unter das Ruhebett wirft. Als die Sonne heimkehrt, spricht die Mutter: »Du ziehst tagein, tagaus über die Welt, meine Tochter, aber nie sagst du mir, was in der Welt geschieht.« – »Gut, Mutter, ich will es dir erzählen. Ein König hatte einen einzigen Sohn, den ich lieb gewann. Jeden Morgen schenkte ich ihm meine ersten Strahlen, dann stand er auf, kleidete sich an, trat ans Fenster, sah mir mitten ins Gesicht und gähnte. Lange hab ich es geduldet, ihn nicht getötet, aber dann habe ich ihn geschlagen, und da ist er zu Stein geworden. Es müsste einer kommen, das Wasser nehmen, mit dem ich mich gewaschen habe, und ihn damit besprengen, dann würde er lebendig. – Auch gibt es auf Erden Ackersleute, die plagen sich mit Ackern und kommen doch nicht von der Stelle, wie sollten sie auch? All ihr Gerät ist aus Eisen. Wie sollen sie da pflügen? Es müsste jemand kommen und ihnen sagen, dass sie nur die Pflugschar aus Eisen machen, den Pflug aber aus Holz und das Schirrzeug aus Leder oder Hanfseil, dann werden sie trefflich pflügen. — Auf der Erde gibt es auch Hirten, die weiden ihre Schafe, ohne sie zu scheren. So werden die Tiere zugrunde gehen. Es müsste jemand kommen und ihnen sagen, dass sie sie von der Wolle befreien, dann können sie sich daraus Kleider machen, und die Schafe werden gesund. — Und dann gibt es noch einen Hirsch. Seit er auf der Welt ist, wächst sein Geweih, es reicht schon bis zum Himmel. Es müsste einer kommen und ihm sagen, dass er Maientau trinken und seinen Kopf schütteln muss, dann fällt das alte Geweih ab.«

Das alles hat die Sonne ihrer Mutter erzählt, und am Morgen ist sie aufgestanden, hat sich gewaschen und ist fortgegangen. Die Mutter der Sonne hat das Wasser in einen Krug gegossen und den hat sie dem Jungen mitgegeben auf seinen Weg. Am Geweih ist er herabgeklettert und hat den Hirsch gelehrt, wie er sein Geweih abwerfen kann. Den Hirten hat er gesagt, wie sie die Wolle der Schafe scheren sollen, damit die Tiere gesund werden, und die Ackersleute hat er gelehrt, was ihm die Sonne verraten hat. Die Ochsen kamen voran, die Ackersleute wurden satt, und das Vieh erholte sich. Und dann ist der Junge heimgegangen, so schnell er nur konnte. Kaum hatte er den steinernen Vater mit dem Sonnenwasser besprengt, da ist er wieder lebendig geworden. Und wenn sie früher nicht glücklich gewesen sind, dann sind sie es jetzt im Überfluss.

Nach einem Märchen aus Russland

Die Bienenkönigin (KHM 62; s. S. 52) ist ein beliebtes Märchen bei Kindern. Die Versteinerung erscheint uns darin nicht allzu grausam. Wenn man mit Kindern oder Erwachsenen aber einmal eine Imaginationsübung zum bildhaften Wort *Stein* macht, wird erfahrbar, was es heißen kann, versteinert zu sein. Kinder halten es kaum aus, sich nicht bewegen zu dürfen. Dazu kommt das Stummsein und die Erfahrung, dass wir unseren Atem nicht anhalten können. Auch bei dem Bild der *Versteinerung* helfen uns Redewendungen: »vor Schreck wie versteinert sein«, »gefühllos wie ein Stein«, »ein Herz aus Stein«. Von dieser Gefühlskälte sind in der *Bienenkönigin* die beiden älteren Brüder. Sie wollen die Ameisen stören und »sehen, wie die kleinen Ameisen in der Angst« herumkriechen. Sie wollen Enten fangen und töten und ein Bienennest ausräuchern. All das »leidet« der jüngste Bruder nicht.

Erwachsene fragen immer wieder, ob Kinder diese nicht mehr gebräuchlichen Redewendungen, wie: »ich leid es nicht« verstehen können. Sie verstehen sie nicht nur, sie lieben sie geradezu, sie gebrauchen sie gern. Wahrscheinlich ahnen sie intuitiv, dass »ich leid's nicht« viel treffender ist als etwa »lasst das« oder »tut es nicht«. Der Dummling empfindet Leid, wenn den Tieren Leid zugefügt wird, das schwingt mit bei seinen Worten.

Versteinerung und totenähnlicher Schlaf der Schlossbewohner bis auf das graue Männlein, das nicht spricht, erwartet alle, die die Erlösungsaufgabe nicht bewältigen können.

Dazu gehören die beiden Brüder, deren Herz ja schon auf dem Weg zum Schloss eine Verhärtung zeigt gegenüber den Tieren, denen sie begegnen. Allein dem Dummling, der sich mitfühlend, also lebendig und nicht gefühlskalt und verhärtet verhält, gelingt mit Hilfe der Tiere die Erlösung. Er steht den Kreaturen in ihrer Not bei. Wir kennen den Ausdruck »ein Herz aus Stein«, hier wird erzählt, wie es dazu kommt. Von der Vorgeschichte des verwünschten Schlosses und seiner Bewohner erfahren wir nichts. Allein durch das Handeln des jüngsten Bruders, des einfältigen Dummlings, wird den Zuhörern ein Bild vom gelingenden Leben unaufdringlich vorgeführt, ganz ohne aufdringliche Moral.

Versteinerung ist ein Bild für einen vorübergehenden Tod, für einen Erstarrungsmoment, der neues Leben möglich macht. In dem kaukasischen Märchen *Der steinerne Jüngling* (s. S. 103) wird ein Königssohn versteinert, den der alte König ganz für sich behalten will. Wenn wir alles haben wollen, verfestigt sich nicht nur in uns etwas bis zur Versteinerung, sondern wir machen auch die nächste Generation starr und bewegungsunfähig. Wenn wir einfältig wie ein Dummling sind, mitfühlend und sensibel, tragen wir zum Leben bei.

Viel drastischer geht es in dem *Meerhäschen* (KHM 191) zu. Das Märchen soll erst einmal für sich sprechen.

Das Meerhäschen

*E*s war einmal eine Königstochter, die hatte in ihrem Schloss hoch unter der Zinne einen Saal mit zwölf Fenstern, die gingen nach allen Himmelsgegenden, und wenn sie hinaufstieg und umherschaute, so konnte sie ihr ganzes Reich übersehen. Aus dem ersten sah sie schon schärfer als andere Menschen, in dem zweiten noch besser, in dem dritten noch deutlicher, und so immer weiter bis in dem zwölften Fenster, wo sie alles sah, was über und unter der Erde war, und ihr nichts verborgen bleiben konnte. Weil sie aber stolz war, sich niemand unterwerfen und die Herrschaft allein behalten wollte, ließ sie bekannt machen, es sollte niemand ihr Gemahl werden, der sich nicht so vor ihr verstecken könnte, dass es ihr unmöglich wäre, ihn zu finden. Wer es aber versuche und sie entdecke ihn, so werde ihm das Haupt abgeschlagen und auf einen Pfahl gesteckt. Es standen schon siebenundneunzig Pfähle mit toten Häuptern vor dem Schloss, und in langer Zeit meldete sich niemand. Die Königstochter war vergnügt und dachte: »Ich werde nun für mein Lebtag frei bleiben.« Da erschienen drei Brüder vor ihr und kündigten ihr an, dass sie ihr Glück versuchen wollten. Der Älteste glaubte sicher zu sein, wenn er in ein Kalkloch krieche, aber sie erblickte ihn schon aus dem ersten Fenster, ließ ihn herausziehen und ihm das Haupt abschlagen. Der Zweite kroch in den Keller des Schlosses, aber auch diesen erblickte sie aus dem ersten Fenster, und es war um ihn geschehen: Sein Haupt kam auf den neunundneunzigsten Pfahl. Da trat der Jüngste vor sie hin und bat, sie möchte ihm einen Tag Bedenkzeit geben, auch so gnädig sein, es ihm zweimal zu schenken, wenn sie ihn entdecke: Misslinge es ihm zum dritten Mal, so wolle er sich nichts mehr aus seinem Leben machen. Weil er so schön war und so herzlich bat, so sagte sie: »Ja, ich will dir das bewilligen, aber es wird dir nicht glükken.«

Den folgenden Tag sann er lange nach, wie er sich verstecken wollte, aber es war vergeblich. Da ergriff er seine Büchse und ging hinaus auf die Jagd. Er sah einen Raben und nahm ihn aufs Korn; eben wollte er losdrücken, da rief der Rabe: »Schieß nicht, ich will dir's vergelten!« Er setzte ab, ging weiter und kam an einen See, wo er einen großen Fisch überraschte, der aus der Tiefe herauf an die Oberfläche des Wassers gekommen war. Als er angelegt hatte, rief der Fisch: »Schieß nicht, ich will dir's vergelten!« Er ließ ihn untertauchen, ging weiter und begegnete einem Fuchs, der hinkte. Er schoss und verfehlte ihn, da rief der Fuchs: »Komm lieber her und zieh mir den Dorn aus dem Fuß.« Das tat er zwar, wollte aber dann den Fuchs töten und ihm den Balg abziehen. Der Fuchs sprach: »Lass ab, ich will dir's vergelten!« Der Jüngling ließ ihn laufen, und da es Abend war, kehrte er heim.

Am andern Tag sollte er sich verkriechen, aber wie er sich auch den Kopf darüber zerbrach, er wusste nicht wohin. Er ging in den Wald zu dem

Raben und sprach: »Ich habe dich leben lassen, jetzt sage mir, wohin ich mich verkriechen soll, damit mich die Königstochter nicht sieht.« Der Rabe senkte den Kopf und bedachte sich lange. Endlich schnarrte er: »Ich hab's heraus!« Er holte ein Ei aus seinem Nest, zerlegte es in zwei Teile und schloss den Jüngling hinein; dann machte er es wieder ganz und setzte sich darauf. Als die Königstochter an das erste Fenster trat, konnte sie ihn nicht entdecken, auch nicht in den folgenden, und es fing an, ihr bange zu werden, doch im elften erblickte sie ihn. Sie ließ den Raben schießen, das Ei holen und zerbrechen, und der Jüngling musste herauskommen. Sie sprach: »Einmal ist es dir geschenkt, wenn du es nicht besser machst, so bist du verloren.«

Am folgenden Tag ging er an den See, rief den Fisch herbei und sprach: »Ich habe dich leben lassen, nun sage, wohin soll ich mich verbergen, damit mich die Königstochter nicht sieht.«

Der Fisch besann sich, endlich rief er: »Ich hab's heraus! Ich will dich in meinen Bauch verschließen.« Er verschluckte ihn und fuhr mit ihm auf den Grund des Sees. Die Königstochter blickte durch ihre Fenster, auch im elften sah sie ihn nicht und war bestürzt, doch endlich im zwölften entdeckte sie ihn. Sie ließ den Fisch fangen und töten, und der Jüngling kam zum Vorschein. Es kann sich jeder denken, wie ihm zumut war. Sie sprach: »Zweimal ist dir's geschenkt, aber dein Haupt wird wohl auf den hundertsten Pfahl kommen.«

An dem letzten Tag ging er mit schwerem Herzen aufs Feld und begegnete dem Fuchs. »Du weißt alle Schlupfwinkel zu finden«, sprach er, »ich habe dich leben lassen, jetzt rat mir, wohin ich mich verstecken soll, damit mich die Königstochter nicht findet.« »Ein schweres Stück«, antwortete der Fuchs und machte ein bedenkliches Gesicht. Endlich rief er: »Ich hab's heraus!« Er ging mit ihm zu einer Quelle, tauchte sich hinein und kam als ein Marktkrämer und Tierhändler heraus. Der Jüngling musste sich auch in das Wasser tauchen und ward in ein kleines Meerhäschen verwandelt. Der Kaufmann zog in die Stadt und zeigte das artige Tierchen. Es lief viel Volk zusammen, um es anzusehen. Zuletzt kam auch die Königstochter und weil sie großen Gefallen daran hatte, kaufte sie es und gab dem Kaufmann viel Geld dafür. Bevor er es ihr hinreichte, sagte er zu ihm: »Wenn die Königstochter ans Fenster geht, so krieche schnell unter ihren Zopf.« Nun kam die Zeit, wo sie ihn suchen sollte. Sie trat nach der Reihe an die Fenster vom ersten bis zum elften und sah ihn nicht. Als sie ihn auch im zwölften nicht sah, war sie voll Angst und Zorn und schlug es so gewaltig zu, dass das Glas in allen Fenstern in tausend Stücke zersprang und das ganze Schloss erzitterte. Sie ging zurück und fühlte das Meerhäschen unter ihrem Zopf, da packte sie es, warf es zu Boden und rief: »Fort, mir aus den Augen!« Es lief zum Kaufmann, und beide eilten zur Quelle, wo sie sich untertauchten und ihre wahre Gestalt zurückerhielten. Der Jüngling dankte dem Fuchs und sprach: »Der Rabe und der Fisch sind blitzdumm gegen dich, du weißt die rechten Pfiffe, das muss wahr sein!«

Der Jüngling ging geradezu in das Schloss. Die Königstochter wartete schon auf ihn und fügte sich ihrem Schicksal. Die Hochzeit ward gefeiert, und er war jetzt der König und Herr des ganzen Reichs. Er erzählte ihr niemals, wohin er sich zum dritten Mal versteckt und wer ihm geholfen hatte, und so glaubte sie, er habe alles aus eigner Kunst getan, und hatte Achtung vor ihm, denn sie dachte bei sich: »Der kann doch mehr als du!«

Abgeschlagene Köpfe

Es ist immer wieder spannend und aufschlussreich, dieses Märchen vor Kindern mit ihren Müttern und Vätern zu erzählen, weil dabei die unterschiedliche Reaktionsweise von Erwachsenen und Kindern deutlich wird. Wenn es zu der Stelle kommt: »... so werde ihm das Haupt abgeschlagen und auf einen Pfahl gesteckt«, recken sich die hinter den Kleinen sitzenden Erwachsenen, um besorgt nach ihren Kindern zu sehen. Die Kinder aber sitzen ruhig da und hören ganz gelassen zu. Für sie ist da nichts »Grausames« erzählt worden, sondern sie haben bildhaft erlebt, was sie und wir alle kennen: Wenn wir uns nicht richtig vorbereiten auf eine schwierige Aufgabe oder vielleicht sogar leichtfertig darangehen, »verlieren wir den Kopf«, sobald wir die Sache nicht mehr unter Kontrolle haben. Wir können uns dann nicht »behaupten«, handeln »kopflos vor Angst«, »verspielen Kopf und Kragen«. Diese Redewendungen kennen wir alle und gebrauchen sie auch, ohne zu bedenken, was wir da sagen. Wir sprechen in Bildern.

Die beiden älteren Brüder »verlieren ihren Kopf«, weil sie vorschnell, unüberlegt, leichtfertig und leichtgläubig handeln. Sie sind der stolzen Königstochter nicht gewachsen, ihr nicht ebenbürtig. Eine Frau, die sehen kann, »was über und unter der Erde ist«, Sichtbares und Unsichtbares, sucht natürlich einen Partner, der ihrer würdig ist. Der jüngste Bruder »gebraucht seinen Kopf«, er erbittet Bedingungen, er »behauptet sich« und »behält seinen Kopf oben«. Nun kann man sagen: »Ja, er hat auch Glück gehabt, die Tiere haben ihm geholfen!« Dazu gehört aber seine Einstellung zu ihnen: Er lässt sie leben, als sie zu ihm sprechen, er hilft dem Fuchs. Diese drei Tiere sind Vertreter der drei Bereiche von Luft (Rabe), Wasser (Fisch) und Erde (Fuchs). Durch seine rot-feurige Farbe ist der Fuchs vielleicht auch noch ein Vertreter des Feuers? Auf jeden Fall kommt der Jüngling einfühlsam mit den genannten Elementen in Berührung und achtet ihre Forderungen. In vielen Märchen wird symbolisch erzählt: Wer sensibel auf seine Umwelt reagiert, dem wird Hilfe zuteil auf seinem Weg, als sagte der Helfer zu ihm: »Kopf hoch, du wirst es schaffen.«

Die Grausamkeiten in den Märchen werden uns immer wieder zu schaffen machen, aber die Symbolsprache kann uns auch immer wieder einen neuen Zugang zum Verständnis der Märchen geben. Obendrein ist es hilfreich zu wissen, dass Kinder die Figuren eines Märchens als einzelne Aspekte ihrer selbst auffassen und verstehen, sofern wir sie nicht durch überflüssige Erklärungen verunsichern. Die Vorbehalte einer Mutter oder eines Vaters übertragen sich unausgesprochen auf die Kinder. In einem Dummlingsmärchen kann ein Kind die drei Brüder als Wesensanteile seiner selbst erleben oder auch als wiederholte Versuche, zu einem Ziel zu kommen: Einmal, zweimal scheitere ich, aber wenn ich mich aufmerksam umschaue in der Welt, nicht aufgebe und für Hilfe aufgeschlossen bin, dann kann ich »König« werden. Dann habe ich das Böse in mir vielleicht auf dem Scheiterhaufen oder in glühenden Schuhen verbrannt, habe es abgeschlagen, zu Tode getrampelt oder im Wasser ertränkt, und ich bin fähig durch Selbstbeherrschung zum guten »Herrscher über ein Reich« zu werden. Auch das ist ja bildhaft gesprochen der Zustand für die Überwindung des Bösen und Grausamen.

Vom Wal verschlungen

Um Grausamkeiten im Märchen als gegeben und sinnvoll annehmen zu können, ist der Blick auf Träume hilfreich. Erich Fromm (1900-1980; Psychoanalytiker) hat sich in seinem Buch »Märchen, Mythen, Träume« mit dem Verständnis der »vergessenen Sprache« auseinander gesetzt. »Wenn wir schlafen, ... erfinden wir Geschichten, die sich nie ereignet haben ... manchmal erleben wir die herrlichsten Dinge und sind glücklich; oft werden wir in höchsten Schrecken versetzt.«

Träume und Märchen haben gemeinsam, dass sie sich nicht nach den Gesetzen der Logik richten. Sie zeigen uns in Bildern und Symbolen eine lebendigere und genauere Beschreibung dessen, was in der menschlichen Seele vorgeht, als ein langes Gespräch darüber. Ein gutes Beispiel dafür, das fast jeder in unserem westlichen Kulturkreis kennt, ist die biblische Geschichte von Jona. Sie wird so erzählt, als ob die Dinge sich wirklich so zugetragen hätten. Jona widersetzt sich einem Befehl Gottes. Als das Schiff, auf dem er sich befindet, in Seenot gerät, hält er sich für den Schuldigen, der den Sturm durch seinen Ungehorsam verursacht. Er wird über Bord geworfen und von einem großen Fisch verschlungen. Der Sturm legt sich. Später speit der Fisch ihn am Ufer aus, und er übernimmt seinen göttlichen Auftrag.

Diese in symbolischer Sprache real geschilderten Ereignisse sind Symbole für die inneren Erfahrungen des Helden. Seine Flucht in die Geborgenheit der Isolation im Schiffsrumpf endet in der Qual des Eingesperrtseins im Bauch des Fisches, und er greift sein Leben dort wieder auf, wo er zu entrinnen versuchte. Diese Erzählung könnte aus einem Traum hervorgegangen sein. Und es lässt sich nicht leugnen, dass Märchenmotive, wie das Verschlungenwerden vom Wolf oder der Kampf mit dem Drachen, eine Seelentätigkeit des Menschen schildern, wie es Träume auch tun.

Wenn eine Frau träumt, dass sie im Keller eines Hauses, in dem sie einmal wohnte, mit der blitzenden Klinge eines Schwertes geköpft wird, erscheint uns dieser Traum grausam und wir vermuten, die Frau habe Schmerzen und Qualen empfunden. Aber nein, die Träumerin war einverstanden, ja erleichtert und bewahrt den Traum wie einen Befreiungsakt in der Erinnerung. Natürlich gehört dazu der Zusammenhang ihrer derzeitigen Lebenssituation, in der das verstandesmäßige, rationale Handeln aus Überlegungen des Kopfes abgelöst wurden durch das Vertrauen auf intuitive Entscheidungen. Hier wird dies Beispiel nur als ein überzeugender Beweis angeführt, dass der Traum den unterschwelligen Aspekt eines Ereignisses in Form eines symbolischen Bildes und nicht als rationalen Gedanken zeigt, also auch so entschlüsselt und verstanden werden sollte wie eine symbolische Grausamkeit im Märchen. Letztlich könnte man sagen, dass die den Träumern und Märchenhörern zugemuteten Grausamkeiten eigentlich eine Wohltat bedeuten, weil sie verwandelnd und erlösend wirken können.

Märchenfiguren als Aspekte eines Menschen

Vom Menschenbild im Märchen

»Die aktiven Helden im Märchen sind immer männlich, die schönen Prinzessinnen warten schlafend darauf, erlöst und geheiratet zu werden, und außerdem sind die Menschen im Märchen entweder abgrundtief böse oder edel und gut dargestellt.« So und ähnlich lauten oft die Vorstellungen vom Menschenbild im Märchen. Was ist daran richtig, was ist falsch?

Gegensätzliches als Seelenanteile

Die Aufteilung der Figuren in Gute und Böse ist nicht zu leugnen. Wer deshalb aber die Märchen als untaugliche oder gar schädliche Geschichten ansieht, übersieht, dass gerade diese Schwarz-Weiß-Darstellung eine zum Märchen gehörende Eigenart ist. Nicht dieser Stil ist zu befragen, sondern unser Vorurteil oder Unverständnis. Die Figuren eines Märchens verkörpern ja gewissermaßen unsere guten und schlechten Seeleneigenschaften, die in uns verwirrend durcheinander bestehen. Im Märchen sind sie übersichtlich in verschiedenen Gestalten dargestellt. Diese Sichtweise kann uns zur Klärung helfen.

Das Dasein dunkler und heller Seelenanteile leuchtet ein. Wie ist es aber mit der Rollenverteilung des Weiblichen und des Männlichen im Märchen? Als Frau fühlen wir uns herabgesetzt, wenn wir in die passive Rolle gedrängt werden. Beim genauen Hinsehen werden wir freilich merken, dass dieses Vorurteil des »schwachen« Weiblichen im Märchen nicht bestehen bleiben kann. Es gibt etliche Märchen, auch unter den Klassikern der Brüder Grimm, in denen die Mädchen oder Frauen die »starken« Heldinnen sind, die den guten Ausgang aus schwierigen Situationen bewirken. Handelt *Aschenputtel* (KHM 21) nicht fast raffiniert zielsicher? Eine »Suchwanderung« der Frau, wie im *singenden springenden Löweneckerchen* (KHM 88), zeigt wahrhaft Stärke. Die *Jungfrau*

Maleen (KHM 198) handelt mit großer Ausdauer und Liebeskraft. Im Hinblick auf weiblich-männliche Rollenzuweisung könnte es sich wiederum um Seelenanteile im Menschen handeln: Wir haben als Frau mehr oder weniger männlich veranlagte Aspekte, als Mann haben wir weibliche Anteile in uns. Carl Gustav Jung hat mit seinen Ausführungen über die Anima des Mannes und den Animus der Frau das Verständnis dieser Sichtweise geprägt. Das Weibliche war und ist der empfangende und gebärende Teil des Menschen, der vorwiegend nährt, schützt, hegt und pflegt, der sich hingibt und verbindend wirkt, bisweilen in einem so hohen Maß, dass es zum Unheil ausschlägt. Das Männliche war und ist der Teil des Menschen, der erobert, zielstrebig handelt, entscheidet und regiert. Auch diese Stärken schlagen bei Anwendung im Übermaß in Schwächen um. Auf das Biologische allein ist das Männlich-Weibliche jedenfalls nicht zu beschränken.

Im Märchen spiegelt sich das Weibliche als das Seelische des Menschen in den Figuren der Mädchen, Töchter, Mütter, die vom Männlichen als dem Geistaspekt gesucht werden, um sich mit ihnen zur Ganzheit zu er-gänzen. Im Bild heißt das »Hochzeit«. Der Dichter Novalis (1772-1801) hat sinngemäß einmal gesagt, jeder Mensch müsse erst mit sich selbst Hochzeit feiern, bevor er heiratsfähig sei: Das bedeutet, der Mensch muss die weiblichen und männlichen Anteile in sich selbst ausbilden und ins Gleichgewicht bringen.

Dies bedenkend ist es nicht mehr schwer, das Menschenbild im Märchen zu durchschauen. Dann wären Tochter und Sohn, Mutter und Vater, Königin und König, gute Mutter und Stiefmutter oder Hexe, Zauberer, Held, Helfer und Widersacher, – ja, alle guten und bösen Figuren im Märchen wären sozusagen handelnde Protagonisten unserer Eigenschaften. Das Kind zum Beispiel, weiblich oder männlich, ist dann ein Bild für unsere unbeschwerten, jüngsten Impulse, für unsere Zukunft, eine Hoffnung auf Entwicklung und Vollständigkeit, auch eine Zusage, Fehler machen und immer wieder von neuem beginnen zu dürfen.

Dies alles und noch vieles mehr lässt sich im Märchen *Die sechs Schwäne* finden (KHM 49):

Die sechs Schwäne

*E*s jagte einmal ein König in einem großen Wald und jagte einem Wild so eifrig nach, dass ihm niemand von seinen Leuten folgen konnte. Als der Abend herankam, hielt er still und blickte um sich, da sah er, dass er sich verirrt hatte. Er suchte einen Ausgang, konnte aber keinen finden. Da sah er eine alte Frau mit wackelndem Kopf, die auf ihn zukam; das war aber eine Hexe. »Liebe Frau«, sprach er zu ihr, »könnt Ihr mir nicht den Weg durch den Wald zeigen?« »O ja, Herr König«, antwortete sie, »das kann ich wohl, aber es ist eine Bedingung dabei, wenn Ihr die nicht erfüllt, so kommt Ihr nimmermehr aus dem Wald und müsst darin Hungers sterben.« »Was ist das für eine Bedingung?« fragte der König. »Ich habe eine Tochter«, sagte die Alte, »die so schön ist, wie Ihr nur eine auf der Welt finden könnt, und wohl verdient, Eure Gemahlin zu werden, wollt Ihr die zur Frau Königin machen, so zeige ich Euch den Weg aus dem Walde.« Der König in der Angst seines Herzens willigte ein, und die Alte führte ihn zu ihrem Häuschen, wo ihre Tochter beim Feuer saß. Sie empfing den König, als wenn sie ihn erwartet hätte, und er sah wohl, dass sie sehr schön war, aber sie gefiel ihm doch nicht, und er konnte sie ohne heimliches Grausen nicht ansehen. Nachdem er das Mädchen zu sich aufs Pferd gehoben hatte, zeigte ihm die Alte den Weg, und der König gelangte wieder in sein königliches Schloss, wo die Hochzeit gefeiert wurde.

Der König war schon einmal verheiratet gewesen, und hatte von seiner ersten Gemahlin sieben Kinder, sechs Knaben und ein Mädchen, die er über alles auf der Welt liebte. Weil er nun fürchtete, die Stiefmutter möchte sie nicht gut behandeln und ihnen gar ein Leid antun, so brachte er sie in ein einsames Schloss, das mitten in einem Walde stand. Es lag so verborgen, und der Weg war so schwer zu finden, dass er ihn selbst nicht gefunden hätte, wenn ihm nicht eine weise Frau ein Knäuel Garn von wunderbarer Eigenschaft geschenkt hätte; wenn er das vor sich hinwarf, so wickelte es sich von selbst los und zeigte ihm den Weg. Der König ging aber so oft hinaus zu seinen lieben Kindern, dass der Königin seine Abwesenheit auffiel; sie ward neugierig und wollte wissen, was er draußen ganz allein in dem Walde zu schaffen habe. Sie gab seinen Dienern viel Geld, und die verrieten ihr das Geheimnis und sagten ihr auch von *dem Knäuel, das allein den Weg zeigen könnte. Nun hatte sie keine Ruhe, bis sie herausgebracht hatte, wo der König das Knäuel aufbewahrte, und dann machte sie kleine weiß-seidene Hemdchen, und da sie von ihrer Mutter die Hexenkünste gelernt hatte, so nähte sie einen Zauber hinein. Und als der König einmal auf die Jagd geritten war, nahm sie die Hemdchen und ging in den Wald, und das Knäuel zeigte ihr den Weg. Die Kinder, die aus der Ferne jemand kommen sahen, meinten, ihr lieber Vater käme zu ihnen, und sprangen ihm voll Freude entgegen. Da warf sie über ein jedes eins von den Hemdchen, und wie das ihren Leib berührt hatte, verwandelten sie sich in Schwäne und flogen über den Wald hinweg. Die Königin ging ganz vergnügt nach Haus und glaubte ihre Stiefkinder los zu sein, aber das Mädchen war ihr mit den Brüdern nicht entgegen gelaufen, und sie wusste nichts von ihm. Andern Tags kam der König und wollte seine Kinder besuchen, er fand aber niemand als das Mädchen. »Wo sind deine Brüder?« fragte der König. »Ach, lieber Vater«, antwortete es, »die sind fort und haben mich allein zurückgelassen«, und erzählte ihm, dass es aus seinem Fensterlein mit angesehen habe, wie seine Brüder als Schwäne über den Wald weggeflogen wären, und zeigte ihm die Federn, die sie in dem Hof hatten fallen lassen, und die es aufgelesen hatte. Der König trauerte, aber er dachte nicht, dass die Königin die böse Tat vollbracht hätte, und weil er fürchtete, das Mädchen würde ihm auch geraubt, so wollte er es mit fortnehmen. Aber es hatte Angst vor der Stiefmutter, und bat den König, dass es nur noch diese Nacht im Waldschloss bleiben dürfte.*

Das arme Mädchen dachte: »Meines Bleibens ist nicht länger hier, ich will gehen und meine Brüder suchen.« Und als die Nacht kam, entfloh es, und ging gerade in den Wald hinein. Es ging die ganze Nacht durch und auch den andern Tag in einem fort, bis es vor Müdigkeit nicht weiter konnte. Da sah es eine Wildhütte, stieg hinauf und fand eine Stube mit sechs kleinen Betten, aber es getraute nicht sich in eins zu legen, sondern kroch unter eins, legte sich auf den harten Boden und wollte die Nacht da zubringen. Als aber die Sonne bald untergehen wollte, hörte es ein Rauschen und sah, dass sechs Schwäne zum Fenster hereingeflogen kamen. Sie setzten sich auf den Boden, und bliesen einander an und bliesen sich alle Federn ab, und ihre Schwanenhaut streifte sich ab wie ein Hemd. Da sah sie das Mädchen an und erkannte ihre Brüder, freute

Vom Menschenbild im Märchen

sich und kroch unter dem Bett hervor. Die Brüder waren nicht weniger erfreut, als sie ihr Schwesterchen erblickten, aber ihre Freude war von kurzer Dauer. »Hier kann deines Bleibens nicht sein«, sprachen sie zu ihm, »das ist eine Herberge für Räuber, wenn die heimkommen und finden dich, so ermorden sie dich.« »Könnt ihr mich denn nicht beschützen?« fragte das Schwesterchen. »Nein«, antworteten sie, »denn wir können nur eine Viertelstunde lang jeden Abend unsere Schwanenhaut ablegen, und haben in dieser Zeit unsere menschliche Gestalt, aber dann werden wir wieder in Schwäne verwandelt.« Das Schwesterchen weinte und sagte: »Könnt ihr denn nicht erlöst werden?« »Ach nein«, antworteten sie, »die Bedingungen sind zu schwer. Du darfst sechs Jahre lang nicht sprechen und nicht lachen, und musst in der Zeit sechs Hemdchen für uns aus Sternblumen zusammennähen. Kommt ein einziges Wort aus deinem Munde, so ist alle Arbeit verloren.« Und als die Brüder das gesprochen hatten, war die Viertelstunde herum, und sie flogen als Schwäne wieder zum Fenster hinaus.

Das Mädchen aber fasste den festen Entschluss, seine Brüder zu erlösen, und wenn es auch sein Leben kostete. Es verließ die Wildhütte, ging mitten in den Wald und setzte sich auf einen Baum und brachte da die Nacht zu. Am andern Morgen ging es aus, sammelte Sternblumen und fing an zu nähen. Reden konnte es mit niemand, und zum Lachen hatte es keine Lust: Es saß da und sah nur auf seine Arbeit. Als es schon lange Zeit da zugebracht hatte, geschah es, dass der König des Landes in dem Wald jagte und seine Jäger zu dem Baum kamen, auf welchem das Mädchen saß. Sie riefen es an und sagten: »Wer bist du?« Es gab aber keine Antwort. »Komm herab zu uns«, sagten sie, »wir wollen dir nichts zu Leid tun.« Es schüttelte bloß mit dem Kopf. Als sie es weiter mit Fragen bedrängten, so warf es ihnen seine goldene Halskette herab und dachte, sie damit zufrieden zu stellen. Sie ließen aber nicht ab, da warf es ihnen seinen Gürtel herab, und als auch das nichts half, seine Strumpfbänder, und nach und nach alles, was es anhatte und entbehren konnte, so dass es nichts mehr als sein Hemdlein behielt. Die Jäger ließen sich aber damit nicht abweisen, stiegen auf den Baum, hoben das Mädchen herab und führten es vor den König. Der König fragte: »Wer bist du? Was machst du auf dem Baum?« Aber es antwortete nicht. Er fragte es in allen Sprachen, die er wusste, aber es blieb stumm wie ein Fisch. Weil es aber so schön war, so ward des Königs Herz gerührt, und er fasste eine große Liebe zu ihm. Er tat ihm seinen Mantel um, nahm es vor sich aufs Pferd und brachte es in sein Schloss. Da ließ er ihm reiche Kleider antun, und es strahlte in seiner Schönheit wie der helle Tag, aber es war kein Wort aus ihm heraus zu bringen. Er setzte es bei Tisch an seine Seite, und seine bescheidenen Mienen und seine Sittsamkeit gefielen ihm so sehr, dass er sprach: »Diese begehre ich zu heiraten und keine andere auf der Welt«, und nach einigen Tagen vermählte er sich mit ihr.

Der König aber hatte eine böse Mutter, die war unzufrieden mit dieser Heirat und sprach schlecht von der jungen Königin. »Wer weiß, wo die Dirne her ist«, sagte sie, »die nicht reden kann: Sie ist eines Königs nicht würdig.« Über ein Jahr, als die Königin das erste Kind zur Welt brachte, nahm es ihr die Alte weg und bestrich ihr im Schlafe den Mund mit Blut. Da ging sie zum König und klagte sie an, sie wäre eine Menschenfresserin. Der König wollte es nicht glauben und litt nicht, dass man ihr ein Leid antat. Sie saß aber beständig und nähte an den Hemdchen, und achtete auf nichts anderes. Das nächste Mal, als sie wieder einen schönen Knaben gebar, übte die falsche Schwiegermutter denselben Betrug aus, aber der König konnte sich nicht entschließen, ihren Reden Glauben beizumessen. Er sprach: »Sie ist zu fromm und gut, als dass sie so etwas tun könnte, wäre sie nicht stumm und könnte sie sich verteidigen, so würde ihre Unschuld an den Tag kommen.« Als aber das dritte Mal die Alte das neugeborene Kind raubte und die Königin anklagte, die kein Wort zu ihrer Verteidigung vorbrachte, so konnte der König nicht anders, er musste sie dem Gericht übergeben, und das verurteilte sie, den Tod durchs Feuer zu erleiden. Als der Tag herankam, wo das Urteil sollte vollzogen werden, da war zugleich der letzte Tag von den sechs Jahren herum, in welchem sie nicht sprechen und nicht lachen durfte, und sie hatte ihre lieben Brüder aus der Macht des Zaubers befreit. Die sechs Hemden waren fertig geworden, nur dass an dem letzten der linke Ärmel noch fehlte. Als sie nun zum Scheiterhaufen geführt wurde, legte sie die Hemden auf ihren Arm, und als sie oben stand und das Feuer eben sollte angezündet werden, so schaute sie sich um, da kamen sechs Schwäne durch die Luft daher gezogen. Da sah sie, dass ihre Erlösung nahte, und ihr Herz regte sich in Freude. Die Schwäne rauschten zu ihr her und senkten sich herab, so dass sie ihnen die Hem-

den überwerfen konnte: Und wie sie davon berührt wurden, fielen die Schwanenhäute ab, und ihre Brüder standen leibhaftig vor ihr und waren frisch und schön; nur dem jüngsten fehlte der linke Arm, und er hatte dafür einen Schwanenflügel am Rücken. Sie herzten und küssten sich, und die Königin ging zu dem König, der ganz bestürzt war, und fing an zu reden und sagte: »Liebster Gemahl, nun darf ich sprechen und dir offenbaren, dass ich unschuldig bin und fälschlich angeklagt«, und erzählte ihm von dem Betrug der Alten, die ihre drei Kinder weggenommen und verborgen hätte. Da wurden sie zu großer Freude des Königs herbeigeholt, und die böse Schwiegermutter wurde zur Strafe auf den Scheiterhaufen gebunden und zu Asche verbrannt. Der König aber und die Königin mit ihren sechs Brüdern lebten lange Jahre in Glück und Frieden.

Unterschiedliche Sichtweisen

Der Mensch tritt nicht nur als Kind oder Erwachsener auf, als männlich oder weiblich, sondern auch als arm oder reich, als Dummling oder als König, als Aschenputtel oder Königin, als Diener oder Herr.

- *Soziologisch* betrachtet sehen wir darin den Aufstieg von Armut zu Reichtum. Es kann auch einfach bildhaft angesehen werden als Entwicklung eines Menschen aus seelischer Bedrückung zu seelischer Reife, also aus Armut oder gar Notlage zu Reichtum und Herrschaft. In den Märchen ist dann davon die Rede, dass die Heldin oder der Held aus einer armseligen Hütte auszieht und am Ende die Königsherrschaft im Schloss erringt: Ein Bild für den Menschen, der zu Selbstbeherrschung gefunden hat und damit fähig geworden ist, auch andere Menschen zu leiten.
- In der *Kulturgeschichte* werden die Wandlungen des geistig-kulturellen Lebens betrachtet. Im Hinblick auf das Märchen könnte das unter anderem bedeuten, die Abhängigkeit und Loslösung des Menschen von unbekannten Mächten anzuschauen. Die Entwicklung eines einzelnen Menschen lässt sich mit der der Menschheit von einfacher zu komplexer Entwicklungsstufe ver-

gleichen. Dieser Vorgang wird geschildert, wenn ein Märchenheld durch das Bestehen von Gefahren und Proben und das Erlangen einer Gabe eine Entwicklung und ein Wachstum erfährt und damit zugleich ein neu errungenes Kulturgut für die Gemeinschaft mitbringt.

- Aus der Sichtweise der *Völkerkunde* wird zum Beispiel die Frage nach der Rolle des Mannes im europäischen und im afrikanischen Märchen gestellt, um Entsprechungen und Abweichungen herauszuarbeiten.

- *Religionspädagogen* interessiert das Bild des Menschen im Märchen als Erlöser und als Heilsbringer, der Mensch als mutige Heldin oder als tapferer Held und/oder ihre und seine eigene Erlösungsbedürftigkeit.

- Die *Psychologie* fasst diese Sichtweisen in ihrer jeweiligen Spezialisierung wohl am ehesten zusammen, indem das Verständnis für den Menschen vom Kleinkind bis zum Greis, vom Abhängigen bis zum Herrscher, über Männliches und Weibliches, über Hohes und Niederes reicht. Das unterschiedliche Interesse am und der Blickwinkel auf das Menschenbild im Märchen färbt das erforschte Ergebnis. Ist es nicht erstaunlich, dass die uralten Märchen gültige Muster liefern für die relativ junge Disziplin der Psychologie unserer Zeit? Es zeigt, dass das Menschenbild im Märchen auf das Allgemeine zielt, das im Besonderen dargestellt wird. Es macht deutlich, dass die Menschen vor Tausenden von Jahren die gleichen Grunderfahrungen machten wie wir heute: Wir kommen weiblich oder männlich zur Welt, wir erleben die Loslösung von den Eltern, die Begegnung mit dem anderen Geschlecht, die Verbindung mit einem Partner und vielleicht den Verlust des Partners, die Suche und den Kampf um ihn. Wir erfahren wie unsere Vorfahren in alten Zeiten Einsamkeit, Neid, Hass, aber auch Zuwendung und Hilfe. Unser menschliches Leben ist gespannt zwischen Geburt und Tod, zwischen Diesseits und Jenseits, zwischen Gut und Böse.

An dem Märchen *Der Eisenhans* (s. S. 59) werde ich das bisher Gesagte befragen und zu begründen versuchen.

Findet ein Mensch alle Figuren als Seelenanteile in sich selbst? Dabei spielt es natürlich eine Rolle, ob ich die Figuren als sehr junger oder älterer, als weiblicher oder männlicher Mensch betrachte. Ein Kind wird sich eher mit dem Königssohn identifizieren als mit den Väter-Königen; ein Mädchen wünscht sich vielleicht in die Rolle der Königstochter hinein. Es kommt hier nicht darauf an, wo unsere derzeitige Neigung hingeht; wir wollen die Allgemeingültigkeit im Besonderen ansehen.

Wahrscheinlich kann jede/r, ob jung oder alt, weiblich oder männlich, das Königskind in sich finden: Bis zum Alter von etwa sieben Jahren spielen wir alle mit der »goldenen Kugel«, einem Symbol für Ganzheit. Die goldene Kugel ist rund, eine vollkommene Form, ohne Ecken und Kanten, aus reinem Material, das wegen seiner Kostbarkeit und Strahlkraft mit der Sonne verglichen wird. Wenn das Kind Bewusstsein zu entwickeln und die Dinge der Welt zu hinterfragen beginnt, verliert es die goldene Kugel. Im *Froschkönig* fällt sie in einen Brunnen, im *Eisenhans* rollt sie in den Käfig des wilden Mannes aus dem Wald. Warum spielen wir in der Nähe von Abgründen und Käfigen? Sitzt dort unser animalischer, noch unbekannter Seelenanteil, der wahrgenommen werden will? Und ist es uns nach anfänglichen Skrupeln nicht egal, ob »Vater« verboten hat, die Tür zum gefährlich Kraftvollen in uns zu öffnen? Der Vater als das Vernunftprinzip in uns, das Regeln und Gesetze gibt, Gebote und Verbote diktiert und für Ordnung sorgt? Einem Verbot nicht widerstehen können ist spezifisch menschlich. Im Kind sind laut Carl Gustav Jung animalische Seelenanteile noch vorherrschend. Der Mensch muss sie beherrschen lernen, das heißt aber nicht, sie aus- beziehungsweise einzusperren (wie es der erwachsene König im Märchen tut). Der Junge befreit diese (im Märchen als wilder Mann personifiziert) aus dem Käfig, dient ihnen und gewinnt ihre Hilfe und Kraft. Er integriert sie. Das Kind in uns scheint zu wissen: Wenn wir dem Unbekannten und Unheimlichen, dem Unbewussten in uns nicht begegnen, den wilden Mann immer eingesperrt lassen, bleiben wir Kind unser Leben lang. Also holen wir den Schlüssel zur Lösung des Tabus aus unserem geheimsten Versteck, wir verletzen die fürsorgliche, bewahren wollende mütterliche Liebe in uns. Natürlich hat das bis dahin gehorsame Kind Angst vor den Folgen seiner natürlichen Triebe, die in den dunklen Wald, ins Ungewisse streben. Aber ich ahne, dass es dort Schätze gibt, und so versuche ich dieser Kraft zu folgen. Wie sehr strengt sich jedes Kind an, Aufgaben zu erfüllen – hier heißt es, den Goldbrunnen zu bewachen – und erfährt doch immer wieder sein Scheitern. Ohne die Zusage des Beistands, jetzt nicht mehr des elterlich ordnenden, sondern des geheimnisvoll fremden und dunklen des wilden Mannes, könnten wir die Jahre des Unerkanntseins, des Dienens, der unterschiedlichsten Aufgaben wohl nicht meistern. Bei niederen Arbeiten in der »Asche« und bei »Wind und Wetter« reifen neue Seelenkräfte in dem jungen Menschen. Er kann selbstbewusst einem neuen Geistaspekt, dem König an der Tafel gegenübertreten. Die Anziehung durch das andere Geschlecht und das Versteckspiel voreinander beginnt. Die Forderungen an die noch unerlösten, weil noch nicht beherrschbaren Seelenanteile werden im Kampf um Gerechtigkeit und im Kampf um die Braut eingesetzt, erprobt und dadurch gewonnen. Zum Schluss kommen Weibliches und Männliches zusammen, und der »wilde Mann« ist erlöst: Er ist König geworden, der seine Schätze hergibt an den Jüngling. Auch dies ist eigentlich eine Einheit, die durch die Aufteilung in helle und dunkle Kräfte, in Unschuldigsein und Schuldigwerden verdeutlicht wird.

Im *Eisenhans* handeln einzelne Figuren. Alle Figuren zusammenfassend wird damit ein Bild vom Menschen entworfen, das allgemeingültig ist: Die Ablösung von den Eltern geschieht nicht ohne Schmerz; die Erfüllung von Aufgaben gelingt nicht ohne Versagen; übernommene Verantwortung und Einsatz für andere wird von geheimnisvollen, scheinbar unerkannten Kräften unterstützt; der Lohn ist das »Königreich«.

Der königliche Mensch

Die Märchen enden nicht nur gut, sondern in vielen Märchen wird erzählt, dass der Held das halbe oder ganze Königreich erbt und König wird. Oft wird gefragt, ob denn die Kinder das verstünden und ob es noch zeitgemäß sei, vom Königtum zu erzählen. Wir müssen nur aufmerksam die Sprache abhorchen, dann finden wir viele Hinweise, wie selbstverständlich wir mit dem Symbol *König* umgehen – ein Hinweis darauf, wie lebendig es in uns Menschen ist. In alltäglichen Redewendungen heißt es: *der Kunde als König, königliche Gangart* oder *königli-*

ches Auftreten. Es gibt *Königinpastete, Königinsuppe* und *Königsku-chen*. Im Karten- und Schachspiel gibt es den *König*, bei Kindergeburts-tagen geht es um den *Bohnenkönig*, wir wählen *Walzer-* und *Schützen-könige, Schönheits-* und *Weinköniginnen*. Auch wenn wir nicht mit Ange-hörigen der noch bestehenden Königshäuser sympathisieren, *den Kö-nig* an sich achten wir. Wir sprechen ihm meistens Würde und Wesens-größe zu. Das Königtum als Symbol ist keine Herrschaftsform neben andern, sondern die Urform der Herrschaft. Wenn ein Landwirt auf sei-nem Land, ein Manager in seinem Beruf, eine Frau in leitender Stelle eine gute Figur machen, dann sprechen wir davon, dass sie wie *ein König in ihrem Reich herrschen*. Auch Kinder in ihrem Phantasiespiel erheben sich gern zur Prinzessin oder zum König. Darin steckt die Sehn-sucht und die Bestimmung des Menschen, »die Krone des Lebens« zu gewinnen, also ein selbstbestimmter, vollkommen mündiger, über sich selbst verfügender Mensch zu werden.

In seiner Staatsschrift *Glaube und Liebe* schreibt Novalis: »Alle Men-schen sollen thronfähig werden. Das Erziehungsmittel zu diesem fernen Ziel ist ein König. Er assimiliert sich allmählich die Masse seiner Unter-tanen. Jeder ist entsprossen einem uralten Königsstamm ... Der König verkörpert das Prinzip des Menschseins überhaupt ... der König (ist) Sinnbild und Inbegriff dessen ..., was alle Menschen werden sollen ...«

In Israel gibt es eine Legende, in der es heißt: »Als der Herr herabfuhr, um Israel die Thora zu geben, fuhren mit ihm 60 000 Engel herab (so viele, wie das wandernde Volk Menschen zählte), die hielten jeder eine Krone in der Hand mit dem eingravierten heiligen Namen, und sie krön-ten damit die Kinder Israel.«

In schöner Weise wird in dem kurzen Märchen *Das Hirtenbüblein* (KHM 152) vom königlichen Menschen erzählt.

Das Hirtenbüblein

*E*s war einmal ein Hirtenbüblein, das war wegen seiner weisen Ant-worten, die es auf alle Fragen gab, weit und breit berühmt. Der König des Landes hörte auch davon, glaubte es nicht und ließ das Büb-chen kommen. Da sprach er zu ihm: »Kannst du mir auf drei Fragen, die *ich dir vorlegen will Antwort geben, so will ich dich ansehen wie mein eigen Kind, und du sollst bei mir in meinem königlichen Schloss wohnen.«*

Sprach das Büblein: »Wie lauten die drei Fragen?« Der König sagte: »Die erste Frage lautet: Wie viel Tropfen Wasser sind in dem Weltmeer?« Das Hirtenbüblein antwortete: »Herr König, lasst alle Flüsse auf der Erde verstopfen, damit kein Tröpflein mehr daraus ins Meer läuft, das ich nicht erst gezählt habe, so will ich euch sagen, wie viel Tropfen im Meer sind.« Sprach der König: »Die andere Frage lautet: Wie viel Sterne stehen am Himmel?« Das Hirtenbüblein sagte: »Gebt mir einen großen Bogen weißes Papier«, und dann machte es mit der Feder so viele feine Punkte darauf, dass sie kaum zu sehen und fast gar nicht zu zählen waren und einem die Augen vergingen, wenn man darauf blickte. Darauf sprach es: »So viel Sterne stehen am Himmel, als hier Punkte auf dem Papier, zählt sie nur.« Aber niemand war dazu imstande.

Sprach der König: »Die dritte Frage lautet: Wie viel Sekunden hat die Ewigkeit?« Da sagte das Hirtenbüblein: »In Hinterpommern liegt der Demantberg, der hat eine Stunde in die Höhe, eine Stunde in die Breite und eine Stunde in die Tiefe: Dahin kommt alle hundert Jahr ein Vögelein und wetzt sein Schnäblein daran, und wenn der ganze Berg abgewetzt ist, dann ist die erste Sekunde von der Ewigkeit vorbei.« –Sprach der König: »Du hast die drei Fragen aufgelöst wie ein Weiser und sollst fortan bei mir in meinem königlichen Schlosse wohnen, und ich will dich ansehen wie mein eigenes Kind.«

An diesem kleinen Märchen lassen sich die unterschiedlichen Sichtweisen, freilich nur sehr verkürzt, zeigen. Jede für sich betrachtet gibt nur eine in eine gezielte Richtung gehende Deutungsmöglichkeit. Alle zusammen ergeben ein umfassenderes Verständnis, aber immer noch keine erschöpfende Ausdeutung.

Aus dem soziologischen Blickwinkel gesehen stellt der Hörer befriedigt fest, dass in dem Märchen ein armer Hirtenjunge einen sozialen Aufstieg zum Königskind macht.

Der Kulturgeschichtler wird fragen, wann denn ein solches Märchen entstanden sein könnte. Die Fragen des Königs zielen auf wissenschaftliche Erklärungsmodelle. Die Antworten des Hirtenjungen zeigen, dass wir Unmessbares nicht erfassen können und uns nur mit entsprechenden inneren Bildern der Größe der kosmischen Erscheinungen nähern können.

Für das Interesse eines Völkerkundlers müssten wir ein verwandtes Märchen einer fremden Kultur als Vergleich heranziehen, aber das würde hier zu weit führen.

Der Religionspädagoge hätte wohl Freude an dem bescheidenen, aber weisheitsvollen Einfallsreichtum, mit dem der Hirtenjunge den König in seine Schranken weist. Es könnte uns dazu auch das biblische Bild vom Hirten einfallen: Der Mensch, der seine »Schafe auf gute Weide führt«, muss nicht unbedingt von Beruf Hirte sein, aber David war ein Hirtenjunge, der zum König berufen wurde.

Psychologisch gesehen wären wir beides, der alte, fast überheblich fragende König und der junge, unbefangene, mit unverstelltem Blick schlicht antwortende Hirtenjunge, der die Schöpfung in ihrer Unergründlichkeit erkennt. Diese Sicht macht sich der alte König zu eigen, indem er den Jungen aufnimmt wie sein »eigen« Kind.

Angesehen und angesprochen werden wie ein König hilft dazu, sich dahingehend zu entwickeln, den »König« in sich zu entdecken. Wer sich in königlicher Weise selbst beherrscht, ist zugleich Diener der anderen. Diese Meinung vertritt das Märchen mit seinem Bild vom Menschen. Deshalb ist es sinnvoll, den Kindern und dem Kind im Menschen immer wieder die Geschichten vorzulesen oder zu erzählen, die den Menschen in dieser Weise achten.

Vertrauend handeln

Die religiöse Dimension im Märchen

Gott als Person

Sprechen Märchen von Gott? Ja, sie sprechen von Gott. In manchen Märchen tritt Gott sogar als Person auf. Da heißt es dann etwa, dass eine alte Frau träume, Gott werde sie besuchen, wie in dem folgenden Zigeunermärchen.

Die Alte, die auf den lieben Gott wartete

*E*s war einmal eine alte Frau, der hatte der liebe Gott versprochen, sie zu besuchen. Ach, liebe Freunde, sie war nicht wenig stolz darauf! Sie scheuerte und putzte, buk und tischte auf. Und dann fing sie an, auf den lieben Gott zu warten.

Eins, zwei, drei klopft es an der Tür. Geschwind öffnet die Alte, aber was sieht sie? Da draußen steht nur ein armer Bettler, und sie sagt: »Nein, in Gottes Namen, geh deiner Wege! Ich warte gerade auf den lieben Gott, ich kann dich nicht aufnehmen!« *Und damit lässt sie den Bettler stehen und wirft die Tür hinter ihm zu.*

Nach einer Weile klopft es von neuem. Die Alte öffnet diesmal noch geschwinder als beim ersten Mal. Aber wen sieht sie draußen stehen? Nur einen armen, alten Mann! »Ach, ich warte auf den lieben Gott. Wahrhaftig, ich kann dich nicht bei mir aufnehmen!« *Spricht's und macht dem Alten die Tür vor der Nase zu.*

Abermals eine Weile später klopft es von neuem an die Tür. Doch als die Alte öffnet, – wer steht da, wenn nicht ein zerlumpter und hungriger Bettler, der sie inständig um ein wenig Brot und ein Dach über dem Kopf für die Nacht bittet.

»*Ach, ich warte auf den lieben Gott! Ich kann dich nicht bei mir aufneh-*

*men!« Und der Bettler muss weiterwandern, und die Alte fängt aufs Neue
an zu warten.*

*Die Zeit geht hin. Stunde um Stunde. Es geht schon auf den Abend zu,
und immer noch ist der liebe Gott nicht zu sehen. Die Alte wird immer
bekümmerter. Wo mag der liebe Gott geblieben sein? Zuletzt muss sie
betrübt zu Bett gehen. Bald schläft sie ein, im Traum aber erscheint ihr
der liebe Gott. Er spricht zu ihr: »Dreimal habe ich dich aufgesucht, und
dreimal hast du mich hinausgewiesen!«*

*Von diesem Tage an nehmen wir Zigeuner alle auf, die zu uns kommen.
Denn wie sollen wir wissen, wer es ist, der zu uns kommt? Wahrhaftig,
wir wollen nicht gern den lieben Gott von uns weisen!*

Nach einem Märchen der Sinti

Eine schöne, religiöse Geschichte, in der wir uns zweifellos selbst auch
wieder erkennen. Aber eigentlich sind Geschichten, in denen Gott oder
Heiligenfiguren als Personen auftreten, Legenden, oder Legendenmärchen, wenn wir sie mit dem Fachausdruck bezeichnen wollen.

Diese Geschichte belehrt uns, ist aber nicht geeignet, Vertrauen und
Zuversicht zu stiften. Sie führt uns unser Versagen, unsere menschliche
Unzulänglichkeit vor. Sie ist eher eine Lehrgeschichte für den wachen
und erwachsenen Verstand, weniger ein Märchen für Kinder oder die
kindliche Seele des erwachsenen Menschen. Den Unterschied zwischen
lehrhaften Geschichten und Märchen, die von unserem Angenommen-
sein erzählen, erkennen wir an der Sprache, in der sie erzählt werden. In
der Geschichte von der Alten ist dem Zuhörer schnell klar, dass die
Bettler vor der Tür Gott *sind*. Sie sind kein Bild, kein Symbol für Gott,
sondern sie sind als Gott gemeint, sie *sind* eindeutig Gott, wie es sich
im Traum der Alten erweist. Gott kommt als Person zum Menschen.

Göttliches Wirken

Das eigentliche Märchen spricht anders vom Aufscheinen des Göttlichen, auch wenn in den Zaubermärchen Gott als Figur nicht anwesend

ist. Der Glaube an das Übernatürliche erzählt gleichsam vom Wirken des Göttlichen und lässt uns Märchen als Geschichten mit einer religiösen Dimension erkennen.

Was wir wissen, ist dies: Märchen erzählen von misslingenden und gelingenden Lebensentwürfen. Sie erzählen von Verlassenheit und Allverbundenheit, von Versagen und Hilfe, von Überheblichkeit und schlichtem Vertrauen. Die Grundaussage der Zaubermärchen heißt: »Trau dich ins Leben. Auch wenn dir Schwieriges begegnet, auch wenn du Fehler machst – es gibt für den Mutigen und Demütigen Wege und Hilfe auf diesen Wegen, die zum Ziel führen«. Diese Zuversicht knüpft an das heile Urvertrauen des Kindes an, das noch nichts Böses erfahren hat. So bleibt es im Leben nicht, und deshalb erzählen die Märchen von Gefahr und Kampf, von bedrohlichen Mächten, von eigener Schuld. Die Lebensmodelle werden durchgespielt, Erfahrung wird vorbereitet. Da fragen immer wieder besorgte Mütter und Väter, ob die Angst, die die Kinder beim Märchenhören bisweilen spüren, sie nicht noch ängstlicher mache. Ob man ihnen nicht lieber Geschichten ohne Konflikte und Grausamkeiten erzählen solle, damit sie für das Gute gestärkt werden. Dagegen setze ich die Behauptung: Angst macht Kinder nicht ängstlich – Angst macht Kinder stark, wenn der tragende Grund »zu Grunde« liegt. Wahrheit ist ein Grund, der trägt.

Biblische Geschichten und Märchen sind keine Heile-Welt-Geschichten. Sie sprechen vom grausamen, versagenden, hilfsbedürftigen, suchenden Menschen, der die Freiheit besitzt, sich für Gutes oder Böses zu entscheiden. Es wird dem Menschen Trost und Mut zugesprochen, er darf Vertrauen haben, dass der Einsatz des rechten Lebens zum Gelingen führt. Zur Wahrheit gehört das Versagen des Menschen. Lieben Kinder und Erwachsene deshalb gruselige Märchen? Warum zieht es den Täter zu dem Ort seiner Tat? Warum können wir es nicht lassen, an unsere schlechten und bösen Handlungen zu denken und von ihnen zu sprechen? Wir gehen so lange damit um, bis wir sie in irgendeiner Form bearbeitet und bewältigt haben. Wir wachsen an unseren Fehlern und an der Furcht vor dem Unheimlichen, auch an mancher Forderung, die anfangs wie eine Überforderung erscheint. Mit Erklärungsversuchen und Ausredenwollen von Angstgefühlen wird nichts bewirkt; die Seele reagiert stärker auf das unbekannte Undurchschaubare, als auf das vom Verstand Erfassbare.

Der Religionspädagoge Theoderich Kampmann hat über die Ordnung der Märchenwelt Folgendes gesagt: »Der Welt- und Menschenkosmos des Märchens, wiewohl gespalten in Licht und Dunkel als auch in Gut und Böse, ruht auf Richtigkeit, auf Gerechtigkeit, auf Gutheit. Das Märchen spiegelt die Ahnung von der Wohlbeschaffenheit des Seins und die Gewissheit von der unermesslichen Güte einer jenseitigen Weltlenkung.« Für Kampmann ist infolgedessen die Welt des Märchens »ein naturreligiöser Vorhof für die Welt der Offenbarung.«

Wenn es aber eindeutige Geschichten gibt, die vom unrechten und rechten Handeln des Menschen erzählen – wozu bedarf es da der mehrdeutigen Märchen, die oft so rätselhaft und unverständlich sind? Für den menschlichen Verstand sind sie es, aber unsere Seele versteht sie besser, als wir zu wissen meinen. Gerade das Verborgene, das Mehrdeutige macht die Märchen seltsamerweise zu Wegweisern. Was mein Verstand überschaut, bedarf keiner Erklärung. Es gibt aber wohl kaum einen Menschen, der nicht erfahren hat, dass der Verstand an Grenzen kommt, mit denen sich der Mensch nicht abfinden möchte. Er ahnt, dass es hinter dem Bekannten, Überschaubaren, Natürlichen noch etwas Unbekanntes, schwer Durchschaubares, Übernatürliches gibt. Das hinter den Verstandes-Grenzen zu Ahnende nenne ich hier die religiöse Dimension. Den Überlieferungen in der Bibel sprechen wir sie zu, aber den Märchen? Bibel und Märchen berichten vom Übernatürlichen, von Innen- und Jenseitswelten. Sie tun es in der ihnen gemeinsamen symbolhaften Bildsprache, weil sich von Seelisch-Geistigem nicht anders sprechen lässt. Als Beispiel dazu ein Märchen, das vom Inhalt her an keine biblische Geschichte erinnert. Es spricht aber die gleiche Sprache, in der von Erfahrungen des Menschen mit Gott in der Bibel gesprochen wird.

Der Hirte und die Fee

Auf einer Insel hütete ein Hirte seine Schafe. An einem Wiesenrand schlief er ein. Als er wieder erwachte, sah er viele weiße Wäschestücke auf die Wiese gebreitet. Er ging hin und sah, dass sie schon getrocknet waren. Da hob er sie sorgsam auf, legte sie zusammen und trug

*sie in seine Hütte. Als er wieder zu den Schafen zurückgekehrt war,
erschien da ein Mädchen, das suchte die Wäsche. Schnell lief der Hirte in
seine Hütte und brachte die Wäsche heraus. Freundlich gab er sie dem
Mädchen.*

*»Was verlangst du für den Dienst?« fragte das Mädchen. Der Hirte lä-
chelte, wusste aber keinen Wunsch zu sagen. Da blickte das Mädchen
auf seine Herde und sprach: »Geh nach Hause und sage zu deinen Schafen: Joina biala, joina ciarna!« Dann verschwand es ... es muss wohl
eine Fee gewesen sein.*

*Der Hirte folgte ihren Worten, ging heim und sprach: »Joina biala, joina
ciarna!« Da blökte es auf allen Seiten : Bäh, bäh, bäh – und je öfter er
die Worte der Fee wiederholte, desto mehr Schafe versammelten sich um
ihn. Er ging mit ihnen auf einen Berg. Dort drehte er sich um und sah
viele Schafe, weiße und schwarze, aus dem Meer steigen und ihm nach-
laufen. Also wurde er ein reicher Hirte und lebte glücklich, bis an sein
Ende.*

Nach einem Märchen aus Italien

Das Reich erwerben

Ein leises Märchen, in dem nichts Aufregendes erzählt wird. Der so
genannte Märchenheld ist kein Held, der Gefahren und Proben bestehen muss. Was wird da eigentlich von ihm und über ihn ausgesagt? Ist
das nicht einfach nur eine unwirkliche Geschichte? Ja: unwirklich, aber:
wahr! Mit einer Aussage über den Menschen, wie wir sie zum Beispiel
in der Bergpredigt finden: »Selig sind die Sanftmütigen, die Einfältigen
...« Der Hirte, der Mensch, lebt »auf einer Insel«, scheinbar einsam –
ein Bild für den auf sich gestellten Menschen. Er »hütet Schafe« – ein
Bild für geduldiges Dienen. Dazu ist nicht jeder Mensch bereit, zumindest nicht zu jeder Zeit. Die Bergpredigt weiß von ihnen und von der
Einstellung, die dahinter steht: Mit dem Dienen ist nicht sklavische
Unterwerfung gemeint, sondern freies Handeln im Dienste eines Anderen. Der Hirte erfüllt nicht nur seine Aufgabe, sondern er betreut sorgsam auch das, was ihm vor die Füße gelegt wird von einem nicht irdi-

schen Wesen. Er kümmert sich um weiße Wäschestücke, arglos und offenbar ohne an eine Belohnung für diesen Dienst zu denken. Er weiß nicht einmal einen Wunsch und erinnert in seiner Einfalt an die Dummlingsfigur der Märchen, von denen wir immer wieder hören, dass sie die potentiellen Könige sind. David, der Hirtenjunge?

Der Hirte des Märchens soll für seine helfende Hingabe belohnt werden. Es scheint, dass er auch im Nachsprechen der magischen Feenworte nicht recht weiß, warum er es tun soll und was sie bewirken könnten. Er handelt im Vertrauen auf Sinn, ohne zu erkennen, ob es sinn-voll ist. *Weiße Schafe – schwarze Schafe* – schön, dass das übernatürliche Wesen ihm beide verspricht. Es schwingt für uns die Doppelbedeutung vom Versager als dem *schwarzen Schaf* mit. Sie gehören offenbar zur Schöpfung, und das ist es doch, was sich hier ereignet: Schöpfung aus dem Element, aus dem alles Leben kommt, aus dem *Lebenswasser*, ein Wort, das in der Bibel häufig im übertragenen Sinn symbolhaft gebraucht wird.

Es ist vielleicht auch bedeutsam, dass der Hirte auf einen Berg steigt. Der Berg ist ein Bild für die Verbindung von Himmel und Erde. Auf dem Gipfel ist der Mensch dem Göttlichen näher. Moses steigt zum Gebet auf einen Berg. Es wird freilich im Märchen nichts davon erzählt, dass der Hirte dem Himmel näher sein oder beten wolle, aber die Symbole *Berg* und *Wasser* sprechen ihre eigene Sprache und teilen uns über den bloßen Handlungsablauf hinaus etwas mit, das meist schlecht in unserer Begriffssprache ausgedrückt werden kann.

Zum Schluss heißt es: »Also wurde er ein reicher Hirte.« Von seiner Armut war vorher gar nicht die Rede, aber Hirten gehören wohl nicht zu den begüterten Menschen. Ist mit *reich sein* nur der äußere Reichtum gemeint? Mir scheint, der Hirte war schon am Anfang des Märchens ein innerlich *reicher* Mensch. Nun wird es noch einmal betont, dass er reich wird. Da schwingt mit, was am Ende vieler Märchen steht: Der königliche Mensch hat sich das *Reich* erworben. Auch in unserem christlichen Gebet ist davon die Rede, wenn es heißt: »Dein Reich komme,« das Reich des Königs der Könige.

Die Botschaft dieses kleinen, auf den ersten Blick so unscheinbaren Märchens erkennen wir bei genauer und längerer Betrachtung als einen Schatz an Weisheit:

»Mensch, der du ganz auf dich gestellt bist, nimm neben deiner Aufgabe und deiner Arbeit wahr, was dir vor die Füße gelegt wird. Kümmere dich verantwortungsbewusst auch um das, was dich scheinbar nichts angeht. Diene dem Leben in Demut, auch wenn du es nicht verstehst.« Es gibt offenbar eine Macht, die unseren Verstand übersteigt, die uns zuspricht, dass wir *reich* werden. Diese vertrauensvolle Sicht des Daseins kann als Erscheinung des Göttlichen angesehen werden. Im Märchen wird es nicht beim Namen genannt, aber es bietet sich uns an als religatio, was wir mit Rückbindung übersetzen. In der Bildsprache scheint es durch.

Segen und Erlösung gegen Fluch und Verwünschung

In längeren Märchen gehen die Heldinnen und Helden oft gefahrvolle Wege, geraten auf Irrwege und in Verstrickungen, können Gebote nicht einhalten, müssen Qualen erleiden und hart kämpfen. Wo ist hier die religiöse Dimension zu erkennen? Was taugt es, von abgründiger Bosheit und Hässlichkeit zu erzählen? Kann uns das stärken und eine Rückbindung sein?
Wenn wir bei den dunklen Mächten unserer Welt mit unseren Gedanken stehen bleiben, wenn wir ausschließlich sie in unsere Seele lassen, werden sie sich immer breiter machen und viel Raum in uns einnehmen. Es ist nicht zu leugnen, dass es trügerische, boshafte, verderbende Kräfte in der Welt und in uns gibt. Geben wir diesen Kräften kampflos nach, dann sind wir vielleicht gefühllos wie Stein geworden (KHM 62 *Die Bienenkönigin*), sind verwandelt oder eingeschlossen in eine Bärenhaut (KHM 101 *Der Bärenhäuter*, KHM 161 *Schneeweißchen und Rosenrot*) oder in ein anderes Tier. Vielleicht sind wir manchmal sogar für unsere Mitmenschen der verschlingende Wolf (KHM 5 *Der Wolf und die sieben Geißlein*) oder der furchterregende, das Land besetzende Drache, der eine schöne Königstochter gefangen hält. Wir kennen alle die Redewendungen von *besitzergreifender Liebe*: »Ich habe dich zum Fressen gern«, wir kennen auch das Gefühl, dass uns in Gegenwart einer mächtigen Person die Luft zum Atmen fehlt. Dies sind Bilder für Blockaden oder Hemmungen, die im Märchen als Verzauberung erzählt

werden. Die in Tiere verwandelten Menschen sehnen sich nach Erlösung. Das Gefühl, zu Stein erstarrt zu sein, kennen wir und sind glücklich, wenn dieser Zustand vorbei ist. Der Durchbruch zur Lebendigkeit, das Ende einer seelischen Erstarrung, eines verpuppten Zustandes ist im Märchen die Erlösung von zauberischen Kräften. Diesen Trost verspricht uns das Märchen als Kunde von helfenden alten Männlein oder weisen Frauen, von Zwergen oder Feen, von schwer zu erringenden Kräutern oder dem Lebensapfel oder -wasser. Es wird dem Märchenhelden, und damit uns, Erlösung als Befreiung zu neuem Leben, Schönheit und Licht zugesagt, wenn es auch manchmal ein Opfer zu bringen gilt. Sogar von dem Segen des Segnens ist in den Märchen die Rede: Als die Hexe Baba Jaga die schöne Wassilissa fragt, wie sie es schaffe, ihre scheinbar unlösbaren Aufgaben zu lösen, antwortet das Mädchen: »Mir hilft der Segen meiner Mutter.« Es gibt einen Schutz gegen dunkle Mächte, wenn man sich gesegnet weiß. Auch hierin sind sich biblische Überlieferung und Märchen einig. Ein Beispiel dafür sind *Die sieben Raben* (KHM 25)

Die sieben Raben

*E*in Mann hatte sieben Söhne und immer noch kein Töchterchen, so sehr er sich's auch wünschte; endlich gab ihm seine Frau wieder gute Hoffnung zu einem Kinde, und wie es zur Welt kam, war es auch ein Mädchen. Die Freude war groß, aber das Kind war schmächtig und klein, und sollte wegen seiner Schwachheit die Nottaufe haben. Der Vater schickte einen der Knaben eilends zur Quelle, Taufwasser zu holen: Die andern sechs liefen mit, und weil jeder der Erste beim Schöpfen sein wollte, so fiel ihnen der Krug in den Brunnen. Da standen sie und wussten nicht, was sie tun sollten, und keiner getraute sich heim. Als sie immer nicht zurückkamen, ward der Vater ungeduldig und sprach: »Gewiss haben sie's wieder über ein Spiel vergessen, die gottlosen Jungen.« Es ward ihm angst, das Mädchen müsste ungetauft verscheiden, und im Ärger rief er: »Ich wollte, dass die Jungen alle zu Raben würden.« Kaum war das Wort ausgeredet, so hörte er ein Geschwirr über seinem Haupt in der Luft, blickte in die Höhe und sah sieben kohlschwarze Raben auf- und davonfliegen.

*Die Eltern konnten die Verwünschung nicht mehr zurücknehmen, und
so traurig sie über den Verlust ihrer sieben Söhne waren, trösteten sie
sich doch einigermaßen durch ihr liebes Töchterchen, das bald zu Kräften
kam, und mit jedem Tage schöner ward. Es wusste lange Zeit nicht
einmal, dass es Geschwister gehabt hatte, denn die Eltern hüteten sich,
ihrer zu erwähnen, bis es eines Tages von ungefähr die Leute von sich
sprechen hörte, das Mädchen wäre wohl schön, aber doch eigentlich
schuld an dem Unglück seiner sieben Brüder. Da ward es ganz betrübt,
ging zu Vater und Mutter und fragte, ob es denn Brüder gehabt hätte,
und wo sie hingeraten wären. Nun durften die Eltern das Geheimnis
nicht länger verschweigen, sagten jedoch, es sei so des Himmels Ver-
hängnis und seine Geburt nur der unschuldige Anlass gewesen. Allein
das Mädchen machte sich täglich ein Gewissen daraus und glaubte, es
müsste seine Geschwister wieder erlösen. Es hatte nicht Ruhe und Rast,
bis es sich heimlich aufmachte und in die weite Welt ging, seine Brüder
irgendwo aufzuspüren und zu befreien, es möchte kosten, was es wollte. Es nahm nichts mit sich als ein Ringlein von seinen Eltern zum
Andenken, einen Laib Brot für den Hunger, ein Krüglein Wasser für
den Durst und ein Stühlchen für die Müdigkeit.*

*Nun ging es immerzu, weit, weit bis an der Welt Ende. Da kam es zur
Sonne, aber die war zu heiß und fürchterlich und fraß die kleinen Kinder. Eilig lief es weg und lief hin zu dem Mond, aber der war gar zu
kalt und auch grausig und bös, und als er das Kind merkte, sprach er:
»Ich rieche, rieche Menschenfleisch.« Da machte es sich geschwind fort
und kam zu den Sternen, die waren ihm freundlich und gut, und jeder
saß auf seinem besondern Stühlchen. Der Morgenstern aber stand auf,
gab ihm ein Hinkelbeinchen und sprach: »Wenn du das Beinchen nicht
hast, kannst du den Glasberg nicht aufschließen, und in dem Glasberg,
da sind deine Brüder.«*

*Das Mädchen nahm das Beinchen, wickelte es wohl in ein Tüchlein,
und ging wieder fort, so lange, bis es an den Glasberg kam. Das Tor
war verschlossen und es wollte das Beinchen hervorholen, aber wie es
das Tüchlein aufmachte, so war es leer, und es hatte das Geschenk der
guten Sterne verloren. Was sollte es nun anfangen? Seine Brüder wollte
es erretten und hatte keinen Schlüssel zum Glasberg. Das gute Schwesterchen nahm ein Messer, schnitt sich ein kleines Fingerchen ab, steck-*

te es in das Tor und schloss glücklich auf. Als es eingegangen war, kam ihm ein Zwerglein entgegen, das sprach: »Mein Kind, was suchst du?« »Ich suche meine Brüder, die sieben Raben«, antwortete es. Der Zwerg sprach: »Die Herren Raben sind nicht zu Haus, aber willst du hier so lang warten, bis sie kommen, so tritt ein.« Darauf trug das Zwerglein die Speise der Raben herein auf sieben Tellerchen und in sieben Becherchen, und von jedem Tellerchen aß das Schwesterchen ein Bröckchen, und aus jedem Becherchen trank es ein Schlückchen; in das letzte Becherchen aber ließ es das Ringlein fallen, das es mitgenommen hatte. Auf einmal hörte es in der Luft ein Geschwirr und ein Geweh, da sprach das Zwerglein: »Jetzt kommen die Herren Raben heim geflogen.« Da kamen sie, wollten essen und trinken und suchten ihre Tellerchen und Becherchen. Da sprach einer nach dem andern: »Wer hat von meinem Tellerchen gegessen? Wer hat aus meinem Becherchen getrunken? Das ist eines Menschen Mund gewesen.« Und wie der Siebente auf den Grund des Bechers kam, rollte ihm das Ringlein entgegen. Da sah er es an und erkannte, dass es ein Ring von Vater und Mutter war, und sprach: »Gott gebe, unser Schwesterlein wäre da, so wären wir erlöst.« Wie das Mädchen, das hinter der Türe stand und lauschte, den Wunsch hörte, so trat es hervor, und da bekamen alle Raben ihre menschliche Gestalt wieder. Und sie herzten und küssten einander und zogen fröhlich heim.

Bibel und Märchen mit gleichen Motiven

Neben legendenhaften Märchen, die Gott und Heilige als Personen auftreten lassen, und dem eben genannten Beispiel der Märchen, die durch die gleichen Symbole ihre Verwandtschaft mit überlieferten religiösen Geschichten zeigen, gibt es eine dritte Gruppe von Märchen, in denen die religiöse Dimension durchscheint. Es sind jene, die dasselbe Thema haben. Es erstaunt uns zunächst, dass sich in der Bibel und in religiösen Überlieferungen anderer Kulturen Märchenmotive finden lassen. Die Bibel spricht ebenso in Bildern zu uns wie unsere Märchen. Wir Menschen sind aber sehr fixiert auf hieb- und stichfeste Beweise und suchen hinter bildhaft Gemeintem gern nach historisch beweisbaren Zusammenhängen. Was uns durch Zeit- und Ortsangaben nachprüfbar ist, gibt uns zunächst Sicherheit und erscheint uns glaubwürdiger als Erzählungen, die über reale Tatsachen hinausweisen. Wir nennen sie unrealistisch, unwirklich. Aber gerade diese Geschichten wirken auf uns und bewirken etwas.

Anfang der neunziger Jahre stellte der amerikanische Gelehrte Neil Postman die Diagnose, wir würden uns zu Tode informieren. Nicht immer mehr und schneller erreichbare Information brauche der Mensch in der Welt, um Probleme zu lösen, sondern wir müssten ein »zureichendes Bewusstsein davon entwickeln, was sinnvoll und bedeutsam ist.« Um dieses Bewusstsein zu entwickeln, brauchen die Menschen eine glaubwürdige *Erzählung*. Unter *Erzählung* verstehe ich hier eine Geschichte der Menschheit, die der Vergangenheit Bedeutung zuschreibt, die Gegenwart erklärt und für die Zukunft Orientierung liefert. Eine Geschichte, deren Prinzipien einer Kultur helfen, ihre Institutionen zu organisieren, Ideale zu entwickeln und ihrem Handeln Autorität verleihen. Die Information als solche ist keine Erzählung, und sie verdeckt in der gegenwärtigen Situation nur die Tatsache, dass die meisten Menschen nicht mehr an eine Erzählung glauben.«

Die Sintflutgeschichte und *Das große Wasser*

Die bedeutendsten Erzählungen dieser Art sind aus den Religionen hervorgegangen, und die Märchen der Völker sind mit ihnen verwandt. Ein in verschiedenen Kulturen weitverbreitetes und bekanntes Beispiel ist die Sintflutgeschichte. In China ist dazu ein Märchen entstanden.

Das große Wasser

*E*s war einmal eine Witwe mit ihrem Kind. Alle Menschen liebten dieses Kind. Eines Tages sagt der Junge zu seiner Mutter: »Alle andern Kinder haben eine Großmutter, ich allein hab keine. Ich möchte auch eine Großmutter haben.« »Wir wollen dir eine Großmutter suchen«, sagt die Mutter.

Die religiöse Dimension im Märchen

Nun kam einmal eine alte Bettlerin vors Haus, die war arm und schwach. Als das Kind sie sieht, spricht es zu ihr: »Du sollst meine Großmutter sein!« Und es geht hinein zu seiner Mutter und sagt: »Draußen ist eine Bettlerin, die will ich zur Großmutter haben.« Die Mutter ist es zufrieden und ruft sie ins Haus. Die Alte aber war sehr schmutzig und voll von Ungeziefer. Da sagt der Junge: »Komm, Mutter, wir wollen die Großmutter sauber machen!« Da waschen sie die alte Frau. O, sie hat viele Läuse. Sie suchen sie alle ab und tun sie in einen Topf, und der ganze Topf wird voll davon.

Da spricht die Großmutter: »Werft sie nicht weg; vergrabt sie im Garten! Ihr sollt sie erst wieder ausgraben, wenn das große Wasser kommt.« »Wann kommt das große Wasser?« fragt der Junge. »Wenn die beiden steinernen Löwen vor dem Palast rote Augen haben werden – dann kommt das große Wasser«, antwortet die Großmutter.
Da läuft der Junge zu den Löwen, aber ihre Augen sind noch nicht rot. Die Großmutter spricht zu ihm: »Mache ein kleines Schiff aus Holz und verwahre es in einem Kästchen!« Der Junge tut, was sie ihm befiehlt.

Von nun an läuft der Junge jeden Tag zum Palast und sieht die Löwen an, und die Leute auf der Straße fangen schon an, sich über ihn zu wundern. Eines Tages kommt er beim Hühnerschlächter vorbei, der fragt ihn: »Warum läufst du immer zu den Löwen und starrst sie an?« Da sagt der Junge: »Wenn den Löwen die Augen rot werden, dann kommt das große Wasser.« Der Schlächter aber lacht ihn aus, und am anderen Morgen in aller Frühe nimmt er Hühnerblut und streicht es den Steinlöwen auf die Augen.

Als der Junge sieht, dass die Löwen rote Augen haben, da läuft er so schnell er kann nach Hause und erzählt es Mutter und Großmutter. Da spricht die Großmutter: »Grabt nun rasch den Topf aus und holt das Schifflein aus dem Kasten!« Als sie den Topf ausgegraben und hineingeschaut haben, da liegen lauter Perlen darin, und das Schiff wird größer, immer größer! Die Großmutter spricht: »Nehmt den Topf mit euch und steigt in das Schiff! Wenn nun das große Wasser kommt, so mögt ihr die Tiere retten, die dahergetrieben werden, aber die Menschen, die sollt ihr nicht retten!« Da steigen sie ins Schiff, und die Großmutter ist auf einmal verschwunden gewesen.

Da fängt es an zu regnen, der Regen strömt vom Himmel herab, immer stärker und stärker. Die Wasserflut überschwemmt alles. Da kommt ein Hund vorbeigetrieben, den retten sie auf ihr Schiff. Bald darauf kommt ein Mäusepaar mit seinen Jungen, die retten sie auch. Das Wasser steigt schon bis an die Dächer der Häuser. Auf einem Dach sitzt eine Katze, die nehmen sie zu sich ins Schiff.

Die Flut wird immer größer, und das Wasser steigt bis an die Wipfel der Bäume. Auf einem Baum sitzt ein Rabe. Auch ihn nehmen sie zu sich ins Schiff. Schließlich kommt ein Bienenschwarm daher. Die Tierchen sind ganz nass und können kaum mehr fliegen; da lassen sie auch die Bienen zu sich ins Schiff herein. Endlich kommt im Wasser ein Mann daher geschwommen. Der Junge ruft: »Mutter, den wollen wir auch retten!« Aber die Mutter will nicht: »Die Großmutter hat gesagt, wir dürfen keine Menschen retten.« Der Junge erwidert: »Wir wollen den Mann doch retten, schau, er kann nicht mehr schwimmen.« So retten sie auch den Mann.

Endlich hört der Regen auf. Allmählich verläuft sich das Wasser, und sie steigen aus dem Schiff an Land. Der Mann und die Tiere gehen fort. Da wird das Schiff wieder kleiner, immer kleiner, bis sie es in die Schachtel packen können.

Der gerettete Mann aber hat die Perlen gesehen und ist lüstern geworden auf den Schatz. Er geht zum Richter des Landes, in welchem sie gelandet sind, und verklagt Mutter und Sohn. Beide werden ins Gefängnis geworfen. Da kommen die Mäuse und nagen ein Loch in die Mauer. Zu dem Loch kommt der Hund herein und bringt ihnen Fleisch, und die Katze bringt ihnen Brot. Der Rabe aber ist weit weggeflogen und kommt mit einem Brief im Schnabel wieder, und den bringt er zum Richter. Dieser Brief ist aus den oberen Himmeln, und kaum hat der Richter ihn gelesen, da gibt er Mutter und Sohn die Freiheit wieder.

Sie leben zusammen, und der Sohn wächst zu einem stattlichen Jüngling heran. Eines Tages kommt er in die Kaiserstadt. Auf dem Marktplatz sieht er viele Sänften stehen, die sind alle mit seidenen Tüchern zugehängt. Der Jüngling fragt einen alten Mann, was das bedeute. Der Alte antwortet: »Wer erkennt, in welcher Sänfte die Kaisertochter sitzt, der erhält sie zur Frau.« Der Jüngling geht um die Sänften herum – sie sehen alle gleich aus! Sie sind durch nichts zu unterscheiden – wie soll er die rechte herausfinden? Da bemerkt er einen Bienenschwarm, der um eine der Sänften kreist. Er hebt das seidene Tuch, und wirklich – die Kaisertochter sitzt darin! Da wurde bald eine prächtige Hochzeit gefeiert. Sie lebten glücklich miteinander, und es heißt, der Jüngling sei nach des Kaisers Tod ein weiser Nachfolger geworden.

Nach einem Märchen aus China

Das Kind in dem Märchen ist ein Mensch, der einer geheimnisvollen Macht vertraut, der seltsam doppeldeutigen Alten. Sie ist verschmutzt und verlaust, aber das Ungeziefer wird zu Perlen, wenn man sich ihrer annimmt. Auch hat sie die Fähigkeit zu beschenken und zu retten. Der Junge gehorcht aber ihrem letzten Gebot nicht. Das ist doch unser aller Schicksal immer wieder. Er muss die Erfahrung des Gefangenenseins machen. Letztlich ist es gerade sein Mitleid, das er mit der tierischen und der menschlichen Kreatur zeigt, das ihn trotz des Versagens auf den Weg der Einigung mit der Kaisertochter bringt. In längeren Märchen wird das eigenmächtige Handeln der Heldin oder des Helden wiederholt erzählt. Aber immer wieder taucht auch der Helfer auf, um dem Versager beizustehen – eine Verheißung für den vertrauenden Menschen. Erlösung wird verheißen und erfahren – das deutet auf eine ganz bestimmte religiöse Dimension im Märchen hin: auf eine Wirklichkeit jenseits der Wirklichkeit, die wir Transzendenz nennen. Mit dem Glauben an Mächte, die unser Verstand nicht erfassen kann, überschreiten wir eine Grenze hin auf etwas, das für unsere Sinne nicht erfahrbar ist. Der Märchenheld ist auch einer, der Grenzen überschreitet. Oft heißt es am Kreuzweg: »Wer diesen Weg wählt, kehrt nicht zurück«. Aber gerade dieser Weg wird von dem *königlichen* Menschen gewagt. Entsprechend heißt es in Lukas 17,33: »Wer sein Leben zu erhalten sucht, der wird es verlieren; und wer es verliert, der wird es retten.« Der Weg führt über Wasserstrudel, über Flammenmeere und messerscharfe Bergspitzen (also durch höchst unangenehme Erfahrungen) in das jenseitige Reich, das entweder bei den Gestirnen in himmlischen Bereichen liegt oder bei den Toten in der Unterwelt zu finden ist. Grenzüberschreitungen mit gefahrvollen, scheinbar unpassierbaren Hindernissen, aber die Märchenhelden fühlen sich wie »von guten Mächten wunderbar geborgen«, weil sie vertrauensvoll um einen vorgegebenen Lebenssinn zu wissen scheinen.

Gerade weil Märchen ,nicht direkt vom Göttlichen sprechen, nehmen sie den Hörer ernst, fordern ihn auf zur Ermöglichung des vollen Menschseins. Es gibt keine Vertröstung auf bessere Zeiten, aber der Durchgang durch Dunkles und Schweres kann verschlossene Bereiche öffnen, den Blick für das Durchscheinende und das hinter der Grenze liegende weiten. Märchen lassen das Göttliche so, wie es ist: unanschaulich, namenlos, aber durch Grenzüberschreitungen erfahrbar. Märchen sind beredtes Schweigen von Gott.

Dazu noch ein Märchen-Motiv, das wir in vielen europäischen Märchen und in der Bibel finden.

Das Buch Tobit und *Der Kamerad*

Es ist das Thema vom »dankbaren Toten«; als Märchen aus Norwegen bekannt unter dem Titel *Der Kamerad* oder *Der Reisekamerad*; in der Bibel zu finden als Tobitlegende im Buch Tobit 1,17. Die biblische Erzählung hat sich aus einem historischen Kern entwickelt: Tobit begräbt heimlich, nach alter Väter Sitte, aber gegen das Gesetz der Landesherren, die Toten seines Volkes. Er ist seinem eigenen Tod nahe und schickt deshalb seinen Sohn Tobias nach Rages in Medien, um bei Gabael hinterlegtes Geld zurückzuholen. Tobias soll sich für den Weg einen Reisegefährten mitnehmen und wählt unerkannt den Engel Rafael. Rafael führt ihn zunächst zu einem Verwandten Raguel, um dort zu übernachten. Raguel hat eine Tochter, Sara, die von einem Dämon besessen zu sein scheint: Die Männer, die sie heiraten möchten, kommen in der Hochzeitsnacht um. Sara ist schön und klug, auch Tobias begehrt sie zur Frau. Der Engel Rafael rät ihm, wie er mit Hilfe von Rauchwerk den Dämon vertreiben kann. So bleibt Tobias am Leben. Er erbt die Hälfte des Vermögens von Saras Vater, Rafael holt das bei Gabael hinterlegte Geld, und sie kehren zusammen wohlbehalten zum Vater zurück. Vor seinem Abschied offenbart sich der Helfer als Engel Rafael.

Wie sehr sich die biblische Geschichte von Tobit und Tobias und das Märchen vom Kameraden ähneln, zeigt der Vergleich: Ein Bursche träumt von einer schönen und reichen Königstochter und zieht aus, um sie zu suchen. Unterwegs kommt er an einem Toten vorbei, der in einem Eis-klotz vor der Kirchentür liegt. Alle Vorbeigehenden spucken auf ihn. Der Bursche setzt trotz Widerstand des Pfarrers seine Beerdigung durch und gibt dafür sein ganzes Vermögen aus, dann zieht er weiter, um die Königstochter zu suchen. Er wird von einem Mann eingeholt, der ihn überredet, ihn als Begleiter anzunehmen. Dieser Mann kennt den Weg und führt ihn vor die schöne, aber hochmütige Königstochter. Sie stellt ihm drei Aufgaben, die er lösen muss, um sie zu gewinnen. Der Bur-sche versagt, aber der Kamerad nutzt drei auf der Wanderschaft erlang-te Hexengaben, um die Aufgaben zu lösen. Die Königstochter steht mit einem Troll in Verbindung, den sie selbst unbewusst-bewusst unschäd-lich machen hilft. Sie selbst muss auch noch aus ihrer Verwünschung befreit werden und zieht schöner denn je und mit großem Reichtum beladen mit dem Burschen und dem Kameraden heim. Der Begleiter gibt sich schließlich als der Tote zu erkennen, den der Bursche aus dem Eisklotz freigekauft hat, und kehrt dann in die Jenseitswelt zurück.

Es ist ein sehr komplexes, bilderreiches, langes Märchen. In ihm wie in der biblischen Erzählung wird Transzendentes angedeutet. Das Jenseits der menschenmöglichen Erfahrung und des Gegenständlichen Liegen-de scheint auf in Bildern. Grenzen der Erfahrung, des Bewusstseins, des Diesseits werden überschritten. Wir wissen letztlich nicht, welche Kräfte Menschen befähigen, gegen den »gesunden Menschenverstand« ihr Gut und ihr Leben einzusetzen, um einen fremden Toten in Würde zu begraben. Wir kennen nicht die bösen Mächte, die einen Menschen fesseln. Aber wir können – so sagen es biblische Geschichten und Märchen – darauf vertrauen, dass es hilfreiche Kräfte zur Erlösung gibt, die uns zu grenzüberschreitenden Anstrengungen befähigen.

.

Druck – Tonträger – Bildträger

Märchen und Medien

Es könnte in diesem Kapitel der Eindruck entstehen, dass ich die neuen Medien für die Rezeption von Märchen rundweg ablehne. So ist es nicht. Es gibt gute Hörspiel-, Theater- und Filmproduktionen. Aber ich habe den Eindruck, dass gerade bei Film und Fernsehen oft nicht die richtige Form gefunden wird, die dem Märchen entspricht. Wie setzt man ein Klangphänomen, die Sprache, und die dabei im Menschen aufsteigenden inneren Bilder in äußere Bilder um? Wie können bei fixierten Bildern die Mehrdeutigkeit der Symbole und ihre befreiende Wirkung beim Menschen bewahrt werden? – Ich durchschaue und beherrsche weder das Handwerk der Medien, noch die Freiheiten, Gesetze und Zwänge, mit denen in ihnen umzugehen ist. Ich weiß nur: Die Form muss dem Stoff entsprechen, damit sein Wert erhalten bleibt und sichtbar und erfahrbar wird.

Ausgelöst durch eine schlechte Fernsehproduktion in jüngster Zeit ist eine Debatte in Gang gekommen zwischen Märchenliebhabern, die erzählten Märchen den Vorrang geben, und Vertretern der Medien, die in ihren Produktionen den immer zugkräftigen Stoff Märchen mit ihren Mitteln gestalten. Zur Klärung dieser Auseinandersetzung kann vielleicht zweierlei dienen: die Schilderung einer Erzählerin von dem, was sie bei der Umsetzung von Märchen durch Medien erlebt und erfahren hat, und der Versuch, sich mit einigen Märchenbeispielen in die Umwandlung vom Unsichtbaren, nur Gehörten, in die Sichtbarmachung durch die Medien hineinzuversetzen, hineinzudenken und hineinzufühlen. Das soll im Folgenden geschehen. Dabei wird immer wieder anklingen: Die Erzählerin ist davon überzeugt, dass die Gattung Märchen unzerstörbar ist, weil es für die Menschen Sinn stiftende Geschichten sind, das heißt, Märchen haben und werden schlechte Bearbeitungen überleben. Und: Das Märchen ist bescheiden; es braucht nur Atem und Gestaltungsfreude – wie ein Musikstück für eine Flötenstimme. Rührt uns ein Musikstück an, sind wir geneigt zu sagen: »Der Flötist hat ausgezeichnet gespielt:« Er hat außer seiner geübten Fingerfertigkeit nicht mehr dazu gebraucht als seine seelische Hingabe an den Geist des Musikstükkes; der Atem scheint dann vom schöpferischen Geist beseelt zu sein. Das meine ich mit: »Das Märchen ist bescheiden, es braucht wenig.« Da aber neue Errungenschaften wie die Medien eine Bereicherung sein können, wird hier der Versuch unternommen, sich mit den Auswirkungen der Medien auf die Märchenadaption auseinander zu setzen.

Was bedeutet *Medium*? Aus dem Lateinischen übersetzt heißt es *Mitte*. Wir gebrauchen es im Sinne von *Mittel* oder *Mittler*.

Braucht das Märchen ein Medium oder mehrere Medien? Ja, das Märchen selbst kann ohne Medium nicht zur Erscheinung kommen und nicht wirken. Es braucht den erzählenden Menschen. Mehr nicht? Nein, mehr nicht. Aber der erzählende Mensch braucht zumindest ein Medium, um mit dem Märchen in Beziehung zu kommen – das Buch. Seit es die mündliche Überlieferung (bis auf wenige Ausnahmen) nicht mehr gibt, sind wir darauf angewiesen. Dann kann der lebendige Atem des Erzählenden, der Klang der Stimme zum Mittler zwischen Märchen und Zuhörern werden. Wenn das Märchen also eigentlich nur eine Stimme braucht, warum nehmen sich die technischen Medien und die darstellenden Künste in zunehmendem Maße des Märchens an? Ist es der Reiz des Schöpferischen, der von ihm ausgeht? Die Urerfahrungen der Menschheit sind ein Stoff, der zur Gestaltung herausfordert. Man könnte folgern: Nicht nur braucht das Märchen ein Medium, um Gestalt zu gewinnen, sondern die Medien unserer Zeit brauchen den uralten Stoff Märchen. Wie gehen sie damit um, die für die Medien Verantwortlichen und in den Medien Tätigen? Die Beherrschung der Technik hat sich so sehr in den Vordergrund geschoben, dass oft nicht mehr der lebendige Mittler (der Mensch), sondern die Mittel (die Dinge) wesentlich geworden zu sein scheinen. Dienen wir auf diese Weise der alten Gattung Märchen oder bedienen wir uns ihrer?

In der Wochenzeitung *Die Zeit* vom 29.12.1999 setzte sich Roger de Weck kritisch mit der Rolle der Medien in unserer Zeit auseinander. Er betitelt seinen Artikel »Die Gier der Medien« und denkt nicht nur an die eigene Zunft der Journalisten. Er stellt fest, die Medien bildeten nicht die Wirklichkeit ab, wenn sie die Nachricht in leichte Unterhaltung verwandelten. Die Medien würden künstlich(en) Stoff, also Kunststoff schaffen. Die Verpackung sei dem Medium wichtiger geworden als der Inhalt. Das ist eine strenge Selbstkritik, die durch einen Lichtblick aufgehellt wird: Wettbewerb sorgt für Schund und für Qualität gleichermaßen.

Wenn wir im Zusammenhang mit Märchen von Medien sprechen, denken wir an Buch, Puppen- und Schattenspiel, Theaterbühne, Radio, Kassette, CD, Film und Fernsehen. Alle diese Mittler = Medien nehmen sich des Märchens an, in guter und in schlechter Weise. Was kommt dabei heraus? Hier können nur vereinfachende, beispielhafte Antworten gegeben werden. An den Anfang der Überlegungen stelle ich ein Märchen (KHM 105) und spiele an ihm mit den Gesetzmäßigkeiten der verschiedenen Medien gedanklich eine Umsetzung durch. Dabei zeigt sich, dass dieses Märchen selbst den in der Branche Tätigen etwas zu sagen hat.

Märchen von der Unke

*E*s war einmal ein kleines Kind, dem gab seine Mutter jeden Nachmittag ein Schüsselchen mit Milch und Weckbrocken, und das Kind setzte sich damit hinaus in den Hof. Wenn es aber anfing zu essen, so kam die Hausunke aus einer Mauerritze herausgekrochen, senkte ihr Köpfchen in die Milch und aß mit. Das Kind hatte seine Freude daran, und wenn es mit seinem Schüsselchen da saß, und die Unke kam nicht gleich herbei, so rief es ihr zu:

> »Unke, Unke, komm geschwind,
> Komm herbei, du kleines Ding,
> Sollst dein Bröckchen haben,
> An der Milch dich laben.«

Da kam die Unke gelaufen und ließ es sich gut schmecken. Sie zeigte sich auch dankbar, denn sie brachte aus ihrem heimlichen Schatz allerlei schöne Dinge, glänzende Steine, Perlen und goldene Spielsachen. Die Unke trank aber immer nur Milch und ließ die Brocken liegen. Da nahm das Kind einmal sein Löffelchen, schlug ihr damit sanft auf den Kopf und sagte: »Ding, iss auch Brocken.« Die Mutter, die in der Küche stand, hörte, *dass das Kind mit jemand sprach, und als sie sah, dass es mit seinem Löffelchen nach einer Unke schlug, so lief sie mit einem Scheit Holz heraus und tötete das gute Tier.*

Von der Zeit an ging eine Veränderung mit dem Kind vor. Es war, solange die Unke mit ihm gegessen hatte, groß und stark geworden, jetzt aber verlor es seine schönen roten Backen und magerte ab. Nicht lange, so fing in der Nacht der Totenvogel an zu schreien, und das Rotkehlchen sammelte Zweiglein und Blätter zu einem Totenkranz, und bald hernach lag das Kind auf der Bahre.

Das Erschlagen der Märchen

Der erste Eindruck nach der Lektüre dieses anrührenden Märchens ist wohl »wie traurig!« Es drängt sich die Frage auf: Wo ist das dem Volksmärchen eigene gute Ende? Die Mutter will das Kind vor dem Tier schützen und bewirkt damit seinen Tod. Man muss wissen, dass im Hessischen die Milch trinkende Ringelnatter »Unke« genannt wird. Diese Schlange ist ungiftig. *Unke* ist vielfach auch ein Name für *Kröte*, die auch ein harmloses Tier ist. Hat die Mutter das nicht erkannt? Wenn wir dies beachten, kann die Botschaft lauten: Gehe achtsam mit den Spielgefährten deiner Kinder um; wenn du sie ihnen nimmst, gefährdest du ihr Wohlergehen. Die Unke steht hier wohl nicht nur für irgendeinen Spielgefährten, sondern vielleicht auch für das Animalische überhaupt, mit dem das »Kind« noch in vertrauter Beziehung steht. Die »Mutter« hat die Verbindung zum »Tier« verloren, sie erkennt es nicht in seinem Wert für das Kind.

Dies bedenkend erscheint mir das Märchen wie ein Gleichnis, das die Situation der Medien zum Märchen erhellt: Ich unterstelle den Herstellern von Filmen, Hörspielen, Kassetten etc. neben dem Wunsch und dem Zwang zum Profit die Absicht, gute Produkte machen zu wollen. Sie sind in der Rolle der Mutter, also der aufgeklärten Erwachsenen. Aus Verkennung des eigentlichen Wesens und Wertes des Märchens aber wird es totgeschlagen. Die »Unke« ist nicht nur harmlos für das Kind, sondern sie bereichert es, sie bringt ihm Schätze von ihrem geheimen Ort. Das Kind gedeiht im Zusammenspiel mit dem »Tier«, das

wir auch als Bild des noch nicht erwachten Verstandes ansehen können. Wenn diese Ebene getötet wird, verliert das Kind seine »roten
Backen«, seine Gesundheit und liegt bald darauf auf der Bahre. Die
Mutter als Vertreterin der Medien, die Unke als das Märchen auf der
symbolischen Ebene, das Kind als der Mensch, dem der Umgang mit
dem Leben erhaltenden, symbolischen Potential zerstört wird.

Es wird deutlich, dass ich die derzeitigen Produkte der Medien kritisch
bis negativ sehe, das heißt nicht, dass ich eine gute Umsetzung von
Märchen in Medien nicht für möglich halte. Aus Unkenntnis der Symbole und der Bildsprache werden die Märchen so »geschlagen«, dass sie
für den Menschen keine Kraftquelle mehr sein können. Ich sehe aber
trotz des traurigen Endes des Märchens von der Unke auch einen posi-
tiven Aspekt in dem Geschehen: Die Entwicklung des Menschen verlangt es, dass die »Mutter« das »Kind« entlässt; aus einem Kleinkind
muss ein seiner selbst bewusster Mensch werden; das »Kind« muss
sterben, damit es zu einer neuen Gestalt erwacht, zu einem denken-
den, erwachsenen Wesen. Wer diese Sichtweise nicht als symbolische
akzeptieren kann, für den bleibt es ein trauriges Märchen. Auf die Medi-
en bezogen hieße es dann, das Märchen würde in seiner jetzigen Form
zerstört. Das Märchen hat schon viele Veränderungen erfahren und
sich immer wieder von Angriffen erholt; es ersteht jeweils in neuer Form.

Wandel bedeutet neues Leben

Wenn wir das *Märchen von der Unke* als Muster für Hörspiel, Aufführung, Film oder Puppenspiel denken, muss es den Gesetzmäßigkeiten
des jeweiligen Mediums gehorchen. Wie würden wir es beispielsweise
als Hörprodukt erleben?

Die Einführung der Figuren und die Beschreibung der Situation muss in
Klang umgesetzt werden, um sie erfahrbar zu machen. Vielleicht wäre
die Stimme der Mutter am Anfang wichtig, auch das Einfügen von Vogel-
und anderen Tierstimmen, um den Hof darzustellen, sparsam, um die
friedvolle Stimmung aufkommen zu lassen? Wind geht durch Blätter?
Und dann die Kinderstimme, die Unke aus der Mauerritze hervorru-
fend? Das fein-schleifende Geräusch des kriechenden Schlangenkör-

pers bzw. das Hüpfen einer Kröte? Danach im Hintergrund das Hantieren der Mutter mit den Geräten in der Küche, ihr Erschrecken beim Anblick des Kindes mit der Unke? Ihre Schritte, das Ergreifen des Holzes und der Schlag mit dem Scheit? Eine veränderte Kinderstimme, ein Ersterben des Klanges, der Ruf des Totenvogels, das Weinen der Mutter? Alles undramatisch, selbstverständlich, ohne Vorwurf an die Mutter. Sie bringt, und das heißt auch wir bringen aus Unverstand, aus verloren gegangener Verbindung zu unseren instinktiven Regungen die natürliche Intuition in uns um. – Das wäre das gleiche Märchen mit anderen Mitteln erzählt.

Wiederum anderen Gesetzen gehorchen die Medien, die ein Märchen in das äußerlich anschaubare Bild bringen, wie zum Beispiel eine Bühnenfassung oder die Umsetzung in einen Film mit menschlichen Darstellern. Das Sichtbare spricht den Zuschauer eventuell stärker an als das Wort und der Klang einer Stimme. Das Atmosphärische wird vorwiegend vom Bild geprägt werden. Wo beim Hören das gesprochene Wort eine Einbildung individueller Art ermöglicht, tritt bei Sehen und Hören das fertige Bild in den Vordergrund. Aus Figuren, wie *König, Bauer, Prinzessin, Hexe,* werden individuelle Gestalten.

Zeichentrickfilm und Puppentheater haben die wunderbare Möglichkeit, die Figuren in ihrer Grundeigenart anzulegen. Die Zuschauer, die zugleich Zuhörer sind, gestalten das sparsam Angedeutete in der eigenen Vorstellung aus. Der gesprochene Text kann sowohl bei Theaterspiel und Film mit menschlichen Darstellern als auch bei Zeichentrickfilm und Puppenbühne knapp sein, sogar noch reduzierter als im erzählten Märchen, da die sichtbaren Gestalten und der Raum, in dem sie agieren, für sich sprechen.

Buch

Das Buch und vor allem die Schrift sind relativ alte Medien. Vor bald 200 Jahren retteten die Brüder Grimm die Märchen unseres Kulturraumes vor dem Verschwinden, indem sie sie sammelten, schriftlich fixierten und veröffentlichten. Sie vermuteten, dass durch die Einführung der Schulpflicht und den Rückgang des Analphabetentums die mündliche Überlieferung zu Ende gehen würde. Inzwischen ist dies bis auf wenige Ausnahmen eingetreten, und wir sind den Brüdern Grimm dankbar für ihre Sammeltätigkeit. Vielleicht befanden sie sich damit in einer ähnlichen Situation wie heute die Hüter des gesprochenen Wortes und des Buches gegenüber den »Eroberern der Märchen« durch die neuen Medien? In der Vorrede der Brüder Grimm zur zweiten Auflage der *Kinder- und Hausmärchen* von 1819 heißt es von den Märchen: »Ihr bloßes Dasein reicht hin, sie zu schützen. Was so mannigfach und immer wieder von neuem erfreut, bewegt und belehrt hat, das trägt seine Notwendigkeit in sich ...« Es bedurfte des Buches, um die Märchen vor dem Verschwinden zu retten, denn bei den Menschen verschwand die Fähigkeit, mündlich Überliefertes ins Gedächtnis aufzunehmen, zu behalten und weitgehend im tradierten Wortlaut wiederzugeben. Dabei empfanden die Brüder Grimm durchaus den Verlust an Lebendigkeit bei der Verwandlung von lebendiger Sprache in schriftlich Fixiertes. Sie wünschten sich, wie sie sagten, dass die zwischen zwei Buchdeckel »gedrückten«, gleichsam wie Schneewittchen im Glassarg liegenden Märchen wieder erweckt werden müssten. Vielleicht erleben wir in unserer Zeit den von einigen Märchenliebhabern ebenfalls als schmerzlich empfundenen Umbruch von Wort und Schrift zum Bild. Die Medien geben den Märchen ein neues Kleid.

Es ist bekannt, dass die *Kinder- und Hausmärchen* der Brüder Grimm einen Siegeszug um die Welt antraten und in ungezählten Varianten und Übersetzungen vorhanden sind, mehr oder weniger gelungen, mit mehr oder weniger künstlerischen Abbildungen versehen. Ob und ab welchem Alter Abbildungen für Kinder überhaupt sinnvoll sind – das ist schon die erste Frage an das Medium Buch, nein, die zweite, denn die erste lautet: Wie werden Märchen wieder lebendig? Durch leises einsames Lesen des einzelnen Menschen? Durch Vorlesen in einer Gemeinschaft? Durch Nacherzählen mit eigenen Worten »so wie mir der Schnabel gewachsen ist«? Durch das geübte Erzählen einer ausgebildeten Erzählerin, eines Erzählers? Das alles bedenken, hieße viele Seiten füllen. Jeder Mensch, der einmal eine Sternstunde mit einem Märchen erlebt hat, das ihn im Innersten angerührt hat, wird sich selbst die Antwort auf diese Fragen geben.

Und die Abbildungen? Eigentlich sind sie unnötig, das heißt, sie gehören nicht zum ursprünglichen Wesen des Märchens. Aber es gibt so wunderbar schöne und künstlerisch hochwertige Zeichnungen und Bilder, dass wir sie nicht missen mögen. Wenn sie gelungen sind, sparsam in der Andeutung, so dass dem Betrachter Freiraum für seine Vorstellungskraft gelassen wird, können Bilder das Märchen auf ihre Art neu erzählen und ein Genuss sein. Die im Buch aufgeschriebenen Märchen nutzen uns und werden zu Schätzen werden, wenn wir sie lesend, erzählend und hörend lebendig werden lassen. Die Bilder dazu können Genuss und Bereicherung sein.

Schatten- und Puppenspiel

Schattenspiele, die ja nur die Umrisse der Figuren zeigen, lassen den Zuschauern einen Raum zur inneren Ausgestaltung des Angedeuteten. Dies oder ein gut geführtes Spiel mit anspruchsvollen Puppen kann Kinder und Erwachsene in hohem Maß zu sich selbst und zur Anregung ihrer Phantasie führen. Heinrich von Kleists (1777-1811; Schriftsteller) Stück vom *Marionettentheater* erzählt von der Faszination, die von der Grazie der Puppen ausgeht: Ihnen fehle die Eitelkeit, die den menschlichen Darsteller so leicht zu Unnatürlichkeit oder gar zu Überheblichkeit verleite. Das noch seiner selbst unbewusste Kind kenne keine Eitelkeit und bewege sich mit »Grazie«, so Kleists Ausdruck. Beim Anblick von Hand- und Stabpuppen oder Marionetten werden schöpferische Prozesse möglich, wie wir sie als Einübung zur Gestaltung unserer Welt so nötig brauchen. Albert Einstein (1879-1955; Physiker), dieser scharfe Denker des gerade zu Ende gegangenen Jahrhunderts, hat einmal gesagt, dass die Einbildungskraft das Wertvollste sei, das der Mensch besitze. Sie lässt den Erwachsenen Entdeckungen machen, die die Welt gestalten und verändern, aber schon das Kind muss Angebote bekommen, die die Phantasie beflügeln. Das *Mitmachtheater* ist lustig und erfrischend, aber letztlich »nur« ein Mitmachen von vorgegebenen Ideen, ein in bestimmte Bahnen gelenkter Mitvollzug. Beim einfachen Erzählen oder der Vorführung eines Schatten- oder Puppenspiels ist es anders. Die Kinder sehen auf den ersten Blick unbeteiligt aus. Das führt zu Fragen der Eltern, einerseits mit Irritation, andererseits mit

Staunen und Bewunderung gestellt: »Was machen Sie eigentlich mit unseren Kindern? Die sitzen wie angeleimt da und hören zu wie trockene Schwämme. Und nach dem Märchenhören wollen sie kein Fernsehen mehr.« Das muss uns nicht beunruhigen, denn es ist keine Verführung im Spiel, nur eine Führung hin zur eigenen Person, und das tut Kindern und Erwachsenen von heute in gleichem Maße gut.

Theaterbühne

Wann eroberte wohl die Bühne das Märchen? Ich weiß es nicht. Wann wurde es üblich, das so genannte Weihnachtsmärchen aufzuführen? Ich habe als kleines Kind Anfang der vierziger Jahre *Schneeweißchen und Rosenrot* (KHM 161) auf der Bühne erlebt und mich – so erzählt es meine Mutter – entsetzlich vor dem Bären gefürchtet. »Hätte ich das geahnt! Nie wäre ich mit dir da hingegangen!« Kinder werden immer noch oder zunehmend viel zu früh zu einer Aufführung mitgenommen oder geschickt, das höre ich häufig. Hinterher ist man klüger, diese Erfahrungen scheinen auch zu unserem Leben zu gehören. Dass sensible Kinder aber gesundheitlich Schaden nehmen können durch grell überzeichnete Figurendarstellung, das ist erwiesen.

Als ein Beispiel für eine gängige Aufführungspraxis von heute beschreibe ich das Erleben bei dem Märchen *Der Froschkönig* (KHM 1), als Stück eines Ein-Mann-Kindertheaters aufgeführt.

Vor der leicht erhöhten Bühne saßen, lagen, kullerten, liefen auf Matten etwa dreißig Kinder herum, dahinter saßen auf Stühlen etwa dreißig Erwachsene. Als Requisiten gab es im Stück eine Krone für den König, ein Krönchen für das Prinzesschen, einen grünen Hut für den Frosch, einen blauen mit Feder für den Prinzen, der Brunnen war durch ein Tuch angedeutet, ebenso die Tafel des Königs. Schauspielerisch war die Darstellung einfallsreich, amüsant, flott, die Sprache deutlich. Aber die Beherrschung der Form reicht nicht, wenn der Inhalt seinem Wesen nach nicht verstanden wird. Mit ruhiger Ziehharmonikamusik ging es los, die Zuhörer wurden aufmerksam und still, der Schauspieler begann zu erzählen im überlieferten Wortlaut des Märchens, das gelang gut. Dann unterbrach sich der Schauspieler, um sich aus der Kinderschar einen

»Schokoladenminister« zu wählen. Unruhe kam auf, die innere Schau der Kinder wurde gestört. Dann verwandelte sich der Schauspieler in ein albernes Prinzesschen, das die Zunge rausstreckt, sich abends im Dunkeln fürchtet und quengelig fordert, dass Papa ihr hilft. An das Publikum ging die Aufforderung, Vorschläge zu machen. Währenddessen hatte ein Junge immer mal wieder dazwischengefragt: »Wann kommt der Froschkönig?« Der Schauspieler ermahnte ihn: »Sei still!« Im Mitmachchaos mit den anderen Kindern wurde der Junge endlich angebrüllt: »Sei still, mir reicht's!« Der Schauspieler forderte Realitätsbezug ein, machte den Vorschlag, man solle der quengeligen Prinzessin einen Fußball schenken, aber sie wollte ihn nicht. Der König bot ihr *seine* goldene Kugel an – eine Verdrehung und Missachtung des Symbols *goldene Kugel*. Dieses Symbol gehört zum Kind als dem Wesen, das noch in einer unzerstörbaren Einheit lebt. Mit der goldenen Kugel aber ist das erste und einzige Mal während der Aufführung eine dichte Atmosphäre geschaffen worden, die leider sofort wieder von dem Gealbere der Prinzessin zerstört wurde. Es ging weiter mit klamaukhaftem Wasserpusten, immer wieder wurde an die Kinder die Aufforderung gerichtet, etwas zur Lösung beizutragen, im Gegensatz dazu gab es Ermahnungen ins Publikum: »Ruhe!«. An der Tafel wurde gebetet, (die Aufführung fand in einem Gemeindesaal statt), an Stelle von »Amen« hieß es »quak.« Die zickige Prinzessin fragte die Kinder: »Was soll ich mit ihm (dem Frosch) machen?« Viele Kinder schrien: »Mach ihn tot, mach ihn kaputt, trampel ihn tot!« Der grüne Hut wurde daraufhin mehrmals gegen die Hand geschlagen und dann auf die Erde geworfen, und gleich bereute es das Prinzesschen: »Es tut mir ja so Leid!« heulte sie. Die Verwandlung zum Prinzen geriet nicht recht. Der König fragte das Paar: »Willst du ihn (sie) zum Mann (zur Frau)?« Die Kinder johlten »Ja! Nein!« In den Aufbruchtumult kam von der Bühne ein hilfloses »Und wenn sie nicht gestorben sind ...«, das unvollständig verplätscherte. Bis zum Schluss fragten Kinder immer wieder die Eltern: »Wann kommt der Froschkönig? Wo ist die Königstochter? Ist das der Frosch?« Beim Rausgehen höre ich ein Kind sagen: »Das war aber so anders«, ein anderes fragte: »Ist das zu Ende?« Die Erwachsenen reagierten zum Teil amüsiert, zum Teil enttäuscht: »Das hab ich mir anders vorgestellt.« Ein Kind sagte: »Das war aber nicht das Märchen.« Die Mutter antwortete: »Ich hab mich geirrt, ich

dachte, da kommt ein Film. Zu Haus kannst du dir dein Video ansehen.«
Diese Dialoge sprechen für sich. Die Chance ist vertan, den Kindern
eine Ahnung davon zu geben, dass sie ihre »goldene Kugel« verlieren
müssen, um sich entwickeln zu können; dass ein von ihnen ausgesprochenes Wort, ein Versprechen, Folgen hat, denen sie sich stellen müssen; dass sich unter äußerlich abstoßender Erscheinung manchmal eine
verwünschte Seite verbirgt, die den Menschen ergänzt, wenn er sie frei-
setzt. Besonders anrührend ist die im Diener Heinrich verkörperte Treue
zu dem verwünschten Herrn. Er grämt sich, solange dieser Aspekt der
Menschenseele noch nicht erlöst ist.

Wie ein gealterter Schauspieler seine frühere Aufführungspraxis sah, zeigte
eine Begegnung in einem Seniorenheim. Ich erzählte bekannte Märchen
der Brüder Grimm, u.a. *Rumpelstilzchen* (KHM 55). Beim anschließenden Gespräch bekannte sich ein alter Mann, der mit lebendigem Interesse zugehört hatte, als ehemaliger Schauspieler. Als junger Mann hatte er
viele Rollen in Weihnachtsmärchen übernommen, darunter auch die Figur des Rumpelstilzchens. »Heute weiß ich, dass wir damals viel mehr an
uns dachten als an das Märchen und die Kinder« sagte er, und er fügte
hinzu, dass er sich freue, dem Märchen wieder begegnet zu sein in seiner ihm gemäßen Form. Diese negativen Beispiele sagen nicht, es gäbe
keine gelungenen Märchen-Aufführungen – sie sind selten.

Wie steht es mit Kassette und CD, mit Film, Fernsehen und Video?

Radio, Kassette und CD

Es wäre als Vorgängerin von Kassette und CD die Schallplatte zu nennen, an die heute aber kaum noch ein Mensch denkt. Bei den Tonträ-
gern ist Geschriebenes wieder in Sprache verwandelt. Das äußere Bild
wird durch das innere Bild abgelöst. »Sprich, damit ich dich sehe«, so
nannte Aristoteles (384-322 v. Chr.; griechischer Philosoph) diesen inn-
erseelischen Vorgang.

Es ist auffällig: Gerade Kinder, die zu Hause Märchenkassetten besitzen und hören, kommen in die Erzählstunden. Was suchen sie da?
Worauf hoffen sie? Sie könnten sicher keine Antwort geben, wenn wir
sie direkt danach fragen würden. Es ist ihnen selbst nicht bewusst, und

wir Erwachsenen können nur ahnen, was in ihnen vorgeht. Zuerst reagieren die meisten Kinder enttäuscht, wenn bekannte Märchen angekündigt werden. Sie suchen also offenbar etwas Neues? Als ich einmal einen Märchenklassiker der Brüder Grimm ankündigte, sagte ein Mädchen gelangweilt: »Kenn ich, hab ich auf Kassette.« Ich schlug ihr vor, sie möge aufpassen, ob ich es genau so erzähle wie auf ihrer Kassette. Sie lauschte anfangs prüfend, dann zunehmend selbstvergessen, so dass sie am Ende gar nichts dazu sagte. Auf meine Frage, wie es gewesen sei, antwortete sie entschieden: »Anders, aber du hast es richtig erzählt!« – Das zeigt: Kinder suchen im Grunde nicht unentwegt Neues, sondern das Alte im Neuen, in der gegenwärtigen, stimmigen Form, und für gute Sprachfassungen haben Kinder meistens ein untrügliches, weil unverfälschtes Gespür.

Da viele Eltern und Großeltern nicht die Zeit finden, ihren Kindern Geschichten und Märchen vorzulesen, sind Kassetten und CDs beliebt. Welche Kriterien sollten sie erfüllen?

- Der Text des Märchens sollte vollständig sein und nicht auf eine allein den Inhalt berücksichtigende Länge bzw. Kürze beschnitten sein. Der Text sollte nicht »gereinigt« werden von den so genannten Grausamkeiten, da sie für die Kinder eine positive Funktion haben (s. Kapitel *Bildsprache und Traumsprache. Zur Grausamkeit im Märchen*).
- Der Wortlaut der überlieferten Fassung sollte weitgehend beibehalten werden und nicht durch erklärende oder kommentierende Einschübe unterbrochen werden, damit die Kinder sich ihr eigenes Bild von den Figuren und dem Geschehen machen können.
- Der Text sollte nicht ironisch aufbereitet werden. Ironie ist ein Vergnügen für Erwachsene, aber verstörend für Kinder.
- Die Stimmen der Sprecher sollten geschult sein, nicht drastisch verstellt und verzerrt, nicht suggerierend, sondern von innerer Anteilnahme beseelt und im Übrigen ruhig.
- Musik zwischen den einzelnen Märchen hilft den Zuhörern, das Gehörte zu »verdauen« und sich auf Neues einzustellen. Die Untermalung oder Unterbrechung des Märchens mit Musik wirkt meist störend und ablenkend.

Film, Fernsehen und Video

Märchen sind Poesie, Dichtung, die sich im Inneren des Menschen ereignet, während der Zeit des Erzählens oder Lesens, und zwar in jedem Menschen auf die ihm eigene und gemäße Art. Wir kennen es alle: Wenn wir ein Buch lesen und dann eine Verfilmung zu diesem Stoff sehen, sind wir meist enttäuscht. Unsere Vorstellung von dieser oder jener Figur war eine ganz andere. Es ist gut, sich mit *dem Anderen* auseinander zu setzen, aber es sollte bei Kindern nicht zu früh damit begonnen werden. Solange ihre innere und äußere Gestalt noch weich und formbar ist, sollten wir ihnen »offene« Angebote machen, aus denen sie das ihnen Gemäße wählen, das sie ausformt, ausbildet. Von äußeren Aus-drücken erfährt der Mensch innere Ein-bildungen, und diese gestalten ihn. Werden die inneren Bilder konkret und vollständig umgesetzt in äußere, so geht scheinbar das Wertvollste verloren, das uns die Märchen anbieten, nämlich die Möglichkeit und die Kraft, selbst schöpferisch tätig zu werden. Während des Erzählens ist die Erzählerin oder der Erzähler Schöpferin oder Nachschöpfer einer Welt, ebenso wie die Zuhörerin und der Zuhörer. Die Festlegung durch äußere Bilder blockiert die Einbildung durch innere Bilder, und das bedeutet: Die Möglichkeit zur Identifikation wird dem Zuschauer genommen oder erschwert. Das Wort erzeugt unbegrenzten Freiraum, das Bild zieht feste Grenzen. Mit den Worten des Naturforschers Lorenz Oken (1789-1851) ausgedrückt: »Das Auge führt den Menschen in die Welt, das Ohr führt die Welt in den Menschen ein.« Es ist keine Frage, dass äußere Bilder das Leben des Menschen bereichern oder auch erklären können, wo es auf Genauigkeit, Messbares, Eindeutiges, auf Wissenschaftliches ankommt. Sehr viel schwerer und in manchen Fällen vielleicht gar unmöglich ist es, Mehr- und Vieldeutiges abzubilden, bei dem es um seelische Muster geht. Nur Andeutungen und Symbole können auf die mögliche Bedeutung hinweisen, sie aber nie ganz ausdeuten. Einer Künstlerin oder einem Künstler kann es gelingen, Märchenfiguren in so hohem Maß »offen« vor uns hinzustellen, dass inneres und äußeres Bild miteinander verschmelzen. Dann ereignet sich das Erkennen und Einswerden von Dargestelltem und Zuschauenden.

Es ist auf den ersten Blick verwunderlich, dass das Wort *Bild* für eine äußere, sichtbare, eindeutige, festgelegte Form steht und zugleich für eine innere, unsichtbare, mehrdeutige, nicht zu definierende Erscheinung, die doch auch ganz real ist. Ein äußeres Bild kann von vielen weitgehend objektiv betrachtet werden. Ein inneres Bild bleibt einmalig und subjektiv. Ein äußeres Bild zeigt eine Gestaltung, eine Nach- oder Abbildung. Ein inneres Bild umschreibt symbolhaft in vielleicht bestürzender Einfachheit oder verwirrender Fülle etwas, das sich unserer Seele eingeprägt hat und anschaulich geworden ist. Das etymologische Wörterbuch nennt die ursprüngliche Bedeutung von *Bild* mittelhochdeutsch *bilde*: Bild; Gestalt; Beispiel, das vom germanischen Stamm bil- »Wunderkraft, Wunderzeichen« ausgeht. In dieser Bedeutung gehören äußeres und inneres Bild zusammen.

Durch die Darstellung von Menschen werden die Märchenfiguren eher zu psychologisch vielschichtigeren Wesen als beim Hören. Aus dem einfach strukturierten Volksmärchen wird im Film möglicherweise ein Roman. Zeichentrickfilmfiguren haben den Vorteil, dass sie nicht so komplex sind wie menschliche Darsteller, also dem Vorstellungsvermögen mehr Spielraum lassen. Zeichner von Märchentrickfilmen sollten beachten, dass die Figuren nicht in die Nähe von gerade modisch vorherrschenden Schönheitsidealen oder Monsterwesen geraten, weil der Symbolgehalt damit verloren ginge. Die Mehrdeutigkeit eines Symbols bedeutet für die Kinder eine Möglichkeit, sich selbst zu begegnen und auszugestalten. Der Wert der Märchen liegt in der Chance der Identifizierung mit dem Helden oder der Heldin, die Aufgaben und Prüfungen bewältigen müssen. Wenn aber die Zeichentrickfiguren zu omnipotenten Supermännern hochstilisiert werden, die keine Fehler und keine Erfahrungen machen, dann wird den kleinen Zuschauern die Entscheidung zum Handeln genommen, und ein inneres Wachstum durch Auseinandersetzung mit der nicht immer glatten Wirklichkeit findet nicht statt. Sofern die Figuren nicht zu klischeehaften Mustern geraten, können Märchen im Zeichentrickfilm auf gute Weise dazu anregen.

Mund und Ohr

Beim Hören von erzählten Märchen wird vom Zuhörenden eine gewisse Mitarbeit verlangt: Der Mensch muss das Gehörte in innere Bilder umsetzen. Meist wird man sich dieser Anstrengung nicht bewusst, sie geschieht einfach, begleitet von einem Gefühl der Stimmigkeit. So wie jeder das Geschehen in sich sieht und erlebt, ist es richtig. Wir geben uns keine Rechenschaft darüber, ob es auch für andere Zuhörende Gültigkeit hat, warum sollten wir auch. Wir sind innerlich schöpferisch tätig gewesen, und das befriedigt. Eventuell *sehen* wir nicht nur den Wald, von dem erzählt wird, sondern meinen auch, den modrigen Waldboden oder den Pilzduft zu riechen. Vielleicht haben wir den Geschmack einer Speise auf der Zunge, oder wir fühlen den Schmerz, wenn einer Heldin oder einem Helden Schmerz zugefügt wird. Alle unsere Sinne können angesprochen sein, und bei besonders anrührenden Stellen kann uns eine Gänsehaut überlaufen.

Bei einem in äußere Bilder gebrachten Märchen wie einer Theateraufführung oder einem Film wird uns vieles von diesem Schöpferischsein genommen. Die Phantasie hat weniger Spielraum, um die eigene Anschauung zu entwickeln, ja sie stirbt, wo sie überhaupt nicht mehr angeregt wird, endlich ganz ab. Bei dem über die Maßen großen Angebot der Medienwelt von fertigen und vielfach unstimmigen Bildern werden die Konsumenten überflutet: Alles über sich ergehen lassen stumpft die Sinne ab.

Pädagogen und Psychologen haben über das Lernen unserer Sinne interessante Erkenntnisse gewonnen. »Der Mensch lernt zu 1% durch Schmecken und Fühlen, zu 3% durch Riechen, zu 12% durch Hören und zu 83 % durch Sehen.« Das würde das bisher Gesagte infrage stellen, aber das Wichtigste bezieht sich auf das Behalten des Gelernten: »Nur zu 10% durch Lesen, zu 20% durch Hören, zu 30% durch Sehen – aber zu 50% durch Hören und Sehen zusammen – aber zu 70% durch Erzählen und zu 90% durch das eigene Tun.«

Viele Menschen, die Musik hören, können die Noten der Partitur eines Musikstückes nicht lesen. Dagegen können im Verhältnis wenige Menschen keine Schrift lesen. Ist das vielleicht eine Erklärung dafür, dass wir Musik eher »mit dem Herzen« hören als gesprochene Sprache? Verlassen wir uns auf den Buchstaben, den wir schwarz auf weiß nach Hause tragen können, um es noch einmal in Ruhe nachzulesen? Ist es der Grund, dass wir mit Sprache ziemlich fahrlässig umgehen und uns auf Geschriebenes verlassen? Liebhaber des Wortes wissen, dass gutes Rezitieren und lebendiges Erzählen ein Hochgenuss sein können. Wir erkennen dann die Gültigkeit des aus der Musik entliehenen Spruches: »Der Ton macht die Musik«.

Östliche Völker nennen rechtes Hören »Ohrenlicht«, das ist ein treffender Ausdruck für das hier Gemeinte: Hören kann, wer gesunde Ohren hat; aber es gibt ein Hören, das über die organische Funktion des Ohres und das was wir *hören* nennen, hinausreicht. Wir haben ein anderes Wort dafür: *horchen*. Beim Horchen spielt das Wollen eine entscheidende Rolle. Es ist eine aktive Handlung: Wir fordern uns auf: »Horch!«, wenn wir etwas Besonderes hören. Während das Hören mit dem vorlieb nimmt, was das Ohr ihm zu bieten hat, reicht die Fähigkeit des Horchens bis ins Unendliche. Sie führt zur schärfsten und feinsten Wahrnehmung all dessen, was ist. Sie lässt erkennen, was zwischen und hinter den akustisch wahrnehmbaren, gesprochenen Worten steht. Und das um so stärker, wenn das Wort nicht oder nur sparsam von äußeren Bildern oder dargestellten Handlungen begleitet wird. Wir sollten uns beim Märchenhören in die aktive Horchhaltung eines noch nicht lesekundigen Kindes oder eines Analphabeten versetzen, um »ganz Ohr« zu werden. Eine kleine belebende Übung dazu ist das Lauschen auf die Vokale. Jeder gesprochene Vokal entspricht einer seelischen Gestimmtheit des Menschen. Staunen oder Beglückung entlocken uns ein »ah«, Betroffenheit ein »o«, Ekel ein »i«, das »e« klingt mit dem vorgenannten h als »he« wie ein An- oder Aufruf, bisweilen leicht hämisch, und beim seelischen Frösteln oder Gruseln kommt uns das »u« über die Lippen.

Man hat allgemein festgestellt, dass die Fähigkeit zum aufrechten Gang beim Menschen mit dem Erlernen der Sprache einhergeht. Und es ist nicht verwunderlich, dass Kinder, die täglich mehrere Stunden weitgehend reglos vor dem Fernseher zubringen, Sprachstörungen und Koordinationsschwierigkeiten in den Bewegungsabläufen zeigen können. Deshalb ist es wichtig, dass Märchen (und andere Sprachformen natürlich auch) in der Wiedergabe durch Medien nicht abstumpfen, sondern anrühren, nicht mit äußeren Erscheinungen die inneren Bilder bestimmen, sondern durch lebendige Sprache zum Horchen auf die Melodie des geheimnisvollen und immer wieder überraschenden Lebens führen.

Unsichtbares wird sichtbar

Symbolische Figuren stimmig in Sichtbares zu übertragen ist sehr schwer. Als Regisseur und Schauspieler, als Zeichentrickfilmer oder Puppenspieler verkörpern wir sozusagen unsere Sichtweise. Beim Erzählen müssen der Erzählende und die Zuhörenden diesen schöpferischen Akt leisten. Da wird Unsichtbares sichtbar, für jeden Menschen auf die ihm entsprechende Weise. Über das Aussehen von nicht existierenden Wesen wie Drachen oder Vogel Greif herrscht weitgehende Übereinstimmung. Aber wie sehen Geistwesen aus, Feen, Unterirdische? Welche Gestalt könnte man zum Beispiel dem Wind geben? Ein guter Künstler kann das Unsichtbare in Andeutungen, durch weitgehende Abstraktion, Bewegung und Kostüm sichtbar machen, ohne dem Zuschauer seine eigene Einbildungskraft zu nehmen.

An einem Indianermärchen versuche ich zu begründen, wie schwierig es sein dürfte, diesen poetischen Stoff in guter Form auf die Bühne, in einen Zeichentrick- oder Fernsehfilm zu bringen. Das Märchenmotiv ist bekannt, es ist das Aschenputtelthema: Die jüngste von drei Schwestern wird von den älteren schlecht behandelt. Ihr gelingt es, den Wind als Bräutigam zu gewinnen. Die beiden anderen Schwestern haben ihn vergeblich auf unredliche Weise zu erlangen versucht.

Das indianische Aschenputtel

*A*m Ufer einer ausgedehnten Bucht lebte einst ein großer Krieger. Es wurde gesagt, dass er einer von Glooskaps besten Helfern und Freunden gewesen war und dass er viele wundervolle Taten für ihn vollbracht hatte. Aber das weiß heute niemand mehr so ganz genau. Sicher ist nur, er besaß die wunderbare Macht, sich unsichtbar zu machen. Er konnte sich unter seine Feinde mischen und ihre Gespräche belauschen. Von den Menschen wurde er »Starker Wind, der Unsichtbare« genannt. Er lebte zusammen mit seiner Schwester in einem Zelt nahe am Meer, und sie half ihm bei seiner Arbeit. Er war begehrt wegen seiner großen Taten, viele Mädchen hätten ihn gern geheiratet. Aber er wollte nur das Mädchen zur Frau, das ihn bei seiner abendlichen Heim-

kehr erblicken konnte. Viele machten die Probe, aber keine bestand sie.
Starker Wind, der Unsichtbare, prüfte die Mädchen, die ihn für sich
gewinnen wollten. Er wollte sehen, ob sie wahrhaftig seien. Jeden Abend,
wenn der Tag sich neigte, ging seine Schwester zum Strand hinunter.
Sie wurde dann von den Mädchen begleitet, die die Probe machen woll-
ten. Seine Schwester konnte ihn immer sehen, aber niemand sonst. Wenn
er in der Abenddämmerung von seiner Arbeit nach Hause kam, fragte
seine Schwester das Mädchen: »Kannst du ihn sehen?« Und jedes Mäd-
chen sagte einfach: »Ja, ich sehe ihn.« Dann fragte die Schwester weiter:
»Womit zieht er seinen Schlitten?« Und die Mädchen sagten: »mit dem
Fell eines Elches« oder »mit einer Stange« oder »mit einem langen Strick«.
Da wusste seine Schwester, dass sie gelogen und die Antworten nur
geraten hatten. So versuchten es viele.

In einer nahe gelegenen Siedlung lebte ein großer Häuptling mit seinen
drei Töchtern, die Mutter war schon lange tot. Eine von den dreien war
viel jünger als ihre beiden Schwestern. Sie war auch schön und anmu-
tig und wurde von allen Menschen geliebt. Die älteren Schwestern aber
waren eifersüchtig auf sie, sie behandelten sie schlecht. Sie zogen ihr
Lumpen an, damit sie hässlich aussah; sie schnitten ihr das lange schwar-
ze Haar ab, und sie verbrannten ihr das Gesicht mit Kohlen vom Feuer,
damit sie vernarbt und verunstaltet aussah. Auch erzählten sie dem
Vater, das habe sie alles selbst getan. Die Jüngste blieb geduldig, war
freundlich und verrichtete ihre Arbeit.

Eines Tages wollten auch die zwei älteren Schwestern Starken Wind für
sich gewinnen. In der Dämmerung gingen sie an den Strand hinunter
und warteten auf seine Heimkehr. Da kam er von seiner Arbeit zurück
und zog seinen Schlitten hinter sich her. Wie immer fragte die Schwester
auch dieses Mal: »Seht ihr ihn?« Und sie antworteten: »Ja, ja.« Sie frag-
te weiter: »Woraus ist sein Schulterriemen gemacht?« Die Schwestern
rieten: »Aus rohem Leder.« Dann betraten sie das Zelt, sie hofften, Star-
ken Wind dort beim Abendessen zu erkennen. Wie er seinen Mantel
und seine Mokassins auszog, das sahen sie wohl, aber er blieb unsicht-
bar. Da kehrten sie bestürzt nach Hause zurück.

Eines Tages dachte die jüngste Häuptlingstochter: »Ich will Starken Wind
besuchen.« Sie flickte ihre Kleidung mit Rindenstücken von Birkenbäu-
men und legte ihren bescheidenen Schmuck an. Dann machte sie sich

auf den Weg. Ihre Schwestern lachten sie aus und nannten sie eine Närrin. Auch die Menschen auf dem Weg lachten über ihr zerlumptes Kleid und ihr verbranntes Gesicht, aber sie ging still weiter. Die Schwester von Starkem Wind begrüßte das junge Mädchen und nahm sie in der Abenddämmerung mit zum Strand. Kurz darauf kam Starker Wind schon mit seinem Schlitten. Seine Schwester fragte: »Kannst du ihn sehen?« Und das Mädchen antwortete: »Nein.« Da freute sich die Windschwester, dass dies Mädchen die Wahrheit gesagt hatte, und nach einer Weile fragte sie noch einmal: »Kannst du ihn jetzt sehen?« Und dieses Mal antwortete das Mädchen: »O, er ist wunderbar.« Die Schwester fragte: »Womit zieht er seinen Schlitten?« Und das Mädchen antwortete: »Mit einem Regenbogen.« Sie wurde weiter gefragt: »Woraus ist die Sehne seines Bogens?« Und sie antwortete: »Seine Bogensehne ist die Milchstraße.«

Da wusste die Windschwester, dass ihr Bruder sich für das Mädchen sichtbar gemacht hatte, und sie nahm sie mit zu ihrem Zelt und badete sie – da verschwanden alle Narben aus ihrem Gesicht und von ihrem Körper; ihre Haare wuchsen wieder lang und schwarz wie die Flügel eines Raben; und die Schwester gab ihr schöne Kleider und kostbaren Schmuck. Dann bot sie ihr den Platz der Ehefrau im Zelt an. Bald darauf kam Starker Wind. Er setzte sich zu ihr und nannte sie seine Braut. Schon am nächsten Tag wurde sie seine Frau. Sie half ihm das ganze Leben hindurch bei seinen großen Taten.

Die beiden älteren Schwestern des Mädchens waren zornig geworden. Da verwandelte Starker Wind sie in Zitterpappeln und verwurzelte sie fest in der Erde. Seit diesem Tag zittert das Espenlaub immerzu, es erschauert und denkt mit Furcht an die Ankunft von Starkem Wind. Auch wenn er ganz sanft daherkommt, sie zittern.

Nach einem Märchen der North-East Woodland Indianer

Ist dieses Märchen ein geeigneter Filmstoff? Es geschieht wenig darin. Müsste es angereichert werden mit zusätzlichen Gestalten und dazu erfundener Handlung, um es attraktiv zu machen? Die symbolhafte Sprache kann wohl durchschaut werden, aber sie ist schwer in sichtbare Bilder umzusetzen, ohne dass sie in die Gefahr gerät, unpassend festgelegt, vielleicht sogar kitschig zu wirken.

»Glooskap« ist der Name des Schöpfers bei einigen nordamerikanischen Indianerstämmen. »Starker Wind« wird als sein Helfer und Freund vorgestellt, sozusagen als ein Mitschöpfer. Er erinnert an den Geist unserer Schöpfungsmythen, der über dem Wasser weht. Die Nähe des Helden zum Schöpfer deutet darauf hin, dass das Märchen aus sehr alter Zeit stammt. Die Erwähnung von Regenbogen und Milchstraße bezeugen die Verbindung zum kosmischem Geschehen. Die Formulierung »ihre Haare wuchsen wieder lang und schwarz wie die Flügel eines Raben« ist einerseits ein treffender, bildkräftiger Vergleich, kann andererseits aber auch mehr bedeuten: Viele Eskimovölker nennen ihren Schöpfergott den »großen Raben«. Es könnte also sein, dass dieses Mädchen von vornherein als ein Wesen angelegt ist, das zum Schöpferischen durch eine anthropomorphe Erscheinung in Beziehung steht. Vielleicht ist es eine Geschichte, die den jungen Menschen bei ihrer Initiation, ihrer Einweihung in die Gemeinschaft der Erwachsenen, erzählt wurde.

In unserem uns bekannten Aschenputtelmärchen ist auch die Verbindung zur Jenseitswelt angedeutet mit dem Grab der Mutter und ihren Gaben. Das Hauptmotiv ähnelt sich: Zwei neidische Schwestern suchen auf unlautere Weise ihr Glück. Am Ende unseres europäischen Aschenputtels feiert das Mädchen Hochzeit mit dem Königssohn und kommt dadurch auf die höchste Stufe, die ein Mensch erreichen kann. Das indianische Aschenputtel verbindet sich – ja mit wem eigentlich? Da fängt das Unaussprechliche an, das schon gar nicht abgebildet werden kann. Wir können natürlich sagen, »Starker Wind, der Unsichtbare« sei eine Naturkraft, eines der Elemente. Aber er ist mehr, er wird als Helfer des Schöpferwesens bezeichnet. Das Mädchen wiederum wird zu seiner Helferin, zu einer schöpferischen Kraft. Die beiden Schwestern dagegen werden an einen Ort gebunden, bewegungslos bis auf das durch Furcht erzeugte Zittern.

Dieses Aschenputtelmärchen fordert uns auf, die gängigen Cinderella-Verfilmungen neu zu sehen und das Thema tiefer zu verstehen.

Ein kurzes Märchen von den Philippinen, *Die Probe*, wird in seiner einfachen Bildersprache wohl von Menschen rund um den Erdball verstanden. Es ist besonders gut geeignet, die innere Vorstellungskraft anzuregen und zu entfalten. Es braucht kein anderes Medium als das Wort, das die ewigen Gegensätze von Dunkel und Licht ins Bild bringt, von Leere und Fülle, von Hochmut und Demut, von Dummheit und Weisheit. Ein Märchen, das besonders gern in der Advents- und Weihnachtszeit erzählt und gehört wird, da es dem Menschen vom »Licht« erzählt, das in die Welt kommt.

Die Probe

*E*in König hatte zwei Söhne. Als er alt wurde, wollte er einen der beiden zu seinem Nachfolger bestimmen. Er versammelte die Weisen seines Landes und rief seine Söhne herbei. Er gab jedem der beiden fünf Silberstücke und sprach zu ihnen: »Ihr sollt für dieses Geld die Halle unseres Schlosses bis zum Abend füllen. Womit, das ist eure Sache.« Die Weisen sagten: »Das ist eine gute Aufgabe.«

Der ältere Sohn ging davon und kam an einem Feld vorbei, wo die Arbeiter Zuckerrohr ernteten und in einer Mühle auspressten. Das leere Zuckerrohr lag nutzlos herum. Da dachte er bei sich: »Das ist eine gute Gelegenheit, mit diesem nutzlosen Zeug die Halle meines Vaters zu füllen.« Mit dem Aufseher der Arbeiter wurde er schnell einig, und sie schafften bis zum späten Nachmittag das ausgepresste Rohr in die Halle. Als sie bis unter die Decke gefüllt war, ging der ältere Sohn zu seinem Vater und sagte:»Vater, ich habe deine Aufgabe erfüllt, auf meinen Bruder brauchst du nicht mehr zu warten. Mache mich zu deinem Nachfolger.« Der Vater antwortete:»Es ist noch nicht Abend. Ich werde warten.«

Bald darauf kam auch der jüngere Sohn heim. Als er die Halle mit dem Stroh gefüllt sah, bat er:»Nehmt das Zuckerrohrstroh aus der Halle. Ich habe auch etwas, womit ich sie füllen will.«

Und so geschah es. Mitten in die Halle stellte er eine Kerze und zündete sie an. Ihr Schein erhellte den großen Raum bis in den letzten Winkel hinein!

Der Vater sprach:»Du wirst König sein. Dein Bruder hat fünf Silberstücke ausgegeben, um die Halle mit leerem Stroh zu füllen. Du hast nicht einmal ein Silberstück gebraucht und hast sie mit Licht erfüllt. Du hast das gebracht, was die Menschen brauchen.«

Nach einem Märchen von den Philippinen

Sich an der Schöpfung beteiligen

Märchen erzählen und vorlesen

Jemandem etwas erzählen – warum tun wir das eigentlich? Und warum lassen wir uns gern etwas erzählen?

In Ostpreußen und im Baltikum – so erzählten meine alten Tanten in den vierziger und fünfziger Jahren des vergangenen Jahrhunderts – gab es auf den weit auseinander liegenden Höfen eine gastfreundliche Sitte. Reisende, bekannt oder unbekannt, wurden mit den Worten begrüßt: »Komm herein, setz dich, iss und trink und erzähl!« Zuerst die Bewirtung für das leibliche Wohl, dann musste der Gast sozusagen seinen Dank mit Berichten von Erlebtem, mit Neuigkeiten abstatten. Erst im anschließenden Gespräch stellte sich heraus, wen man beherbergt hatte, einen wohlwollenden Freund oder einen nutznießenden Schurken. Wichtig war: Man hatte seine Erzählung gehört, konnte staunen, sich freuen, sich ärgern oder zufrieden schmunzeln, denn – so sagten die Tanten – »et jeht doch iberall jleich zu in'e Welt.«

Einen blassen Abglanz davon zeigt unsere Begrüßungsformel »wie geht's?« oder das Überbleibsel »na?« als Aufforderung, etwas von sich und der Welt mitzuteilen. Diese mitgemeinte Bitte »erzähl mir etwas von dir« zeigt unser Bedürfnis nach Vergewisserung und Bestätigung, dass Welt und Mensch Bestand haben, dass es überall und immer wieder die gleichen Aufgaben und Lösungen gibt. Erzählen nimmt uns hinein in einen Strom, der aus den frühesten Anfängen der Menschheit kommt, uns trägt und weiter bestehen wird. »Es war einmal und wird immer wieder sein« oder: »Es war einmal ... und wenn sie nicht gestorben sind ...« Im Erzählen und Zuhören fühlen wir uns getragen vom Sinn, es gibt Klärung und Sicherheit, Abgrenzung und Bestätigung des jeweils eigenen Standpunktes in der Welt. Das gilt in besonderem Maße vom Erzählen der Märchen.

Gedrucktes in Sprache verwandeln

Einen schwachen Lebenshauch geben wir den Märchen, wenn wir sie leise für uns selbst lesen. Es kann wohl sein, dass sie sich dabei in der Seele des Lesenden regen, aber es bleibt ein einsames Be- und Erleben. Märchen verlangen doch eigentlich danach, laut gesprochen zu werden. Sie sind von Generation zu Generation mündlich überliefert worden, bis der Buchdruck und die allgemein eingeführte Schulpflicht, und damit das Lesen, diese Art der Übermittlung fast verschwinden ließen. Wie gut, dass die Brüder Grimm die Märchen aufgezeichnet haben! Denn mit dem Rückgang des Analphabetentums schwand auch die Gabe, mehr oder weniger lange Geschichten weitgehend wortgetreu im Gedächtnis zu speichern und mündlich wiederzugeben. Wir erleben ein unverbrauchtes Gedächtnis heute noch bei Vorschulkindern und Analphabeten, die sich nicht auf das schwarz auf weiß Niedergeschriebene verlassen.

Beim Vorlesen wird Gedrucktes in Sprache zurückverwandelt, und wir erleben dabei die Botschaft eines Märchens weitaus intensiver als beim stillen Lesen. Das Märchen lebt ja von Wiederholungen in Versen und Formeln, die im mündlich gesprochenen Wort eine Veränderung erfahren sollten und so eine Steigerung und Intensität der Aussage gewinnen. Das schafft Spannung und Entspannung beim Zuhörer. Der Lesende dagegen ist geneigt, sich Wiederholendes langweilig zu finden und es mit den Augen zu überspringen. Es gibt viele Beispiele dafür, eines ist das folgende englische Märchen.

Der Hund mit den kleinen Zähnen

Es war einmal ein Kaufmann, der reiste viel in der Welt umher. Als er wieder einmal auf Reisen war, überfielen ihn Räuber. Sie wollten ihm Geld und Leben rauben, aber ein großer Hund kam ihm zu Hilfe, der verjagte die Räuber. Dann nahm er den Kaufmann mit in sein Haus, das sehr schön war, wusch seine Wunden und pflegte ihn, bis er geheilt war.

Sobald der Kaufmann wieder reisetüchtig war, dankte er dem Hund für seine Güte und fragte ihn: »Was könnte ich dir schenken. Ich will dir das

Kostbarste geben, was ich habe. Ich habe einen Fisch, der zwölf Sprachen spricht; willst du ihn haben?«

»Nein,« sagte der Hund, »ich will ihn nicht.«

»Oder eine Gans, die goldene Eier legt?«

»Nein,« sagte der Hund, »ich will sie nicht.«

»Oder einen Spiegel, in dem du jedermanns Gedanken lesen kannst?«

»Nein,« sagte der Hund, »ich will ihn nicht.«

»Was willst du denn haben?« fragte der Kaufmann.

»Ich will kein solches Geschenk,« sagte der Hund, »aber gib mir deine Tochter, damit ich sie als Frau in mein Haus führe.«

Als der Kaufmann das hörte, wurde er sehr traurig, aber was er versprochen hatte, musste er halten. So sagte er also zum Hund: »Eine Woche nach meiner Heimkehr kannst du kommen und meine Tochter holen.«

Als die Woche um war, kam der Hund zum Hause des Kaufmanns, um die Tochter zu holen, aber als er dort ankam, blieb er vor der Tür stehen.

Da trat die Tochter des Kaufmanns, wie der Vater sie geheißen hatte, aus dem Haus; sie war für die Reise angekleidet und sagte: »Ich bin bereit zu folgen.«

Als der Hund sie sah, war er zufrieden und sprach: »Steige auf meinen Rücken, ich werde dich in mein Haus tragen.«

Da stieg sie auf den Rücken des Hundes, und fort ging es in großen Sprüngen, bis sie das Haus des Hundes erreichten, das viele Meilen entfernt lag.

Aber nachdem sie einen Monat im Haus des Hundes war, wurde sie sehr traurig und begann zu weinen.

»Warum weinst du?« fragte der Hund.

»Weil ich heim möchte zu meinem Vater,« sagte sie.

Der Hund sprach: »Wenn du mir versprichst, dass du nicht länger als drei Tage zu Hause bleiben wirst, dann will ich dich hinbringen. Aber sage mir erst, wie du mich nennst?«

»Großer, stinkiger Hund mit kleinen Zähnen,« antwortete sie.

»Dann lasse ich dich nicht gehen,« sagte er.

Da weinte sie so kläglich, dass der Hund ihr von neuem versprach, sie nach Hause zu bringen. »Aber bevor wir uns auf die Reise machen, musst du mir sagen, wie du mich nennst.«

»Oh,« sagte sie, »dein Name ist Süße Honigwabe .«

»Steige auf meinen Rücken,« sagte er, »ich werde dich heimbringen.« Da

trottete er mit ihr davon, und nach vierzig Meilen kamen sie an einen Zaun. »Wie nennst du mich doch?« fragte er, bevor er über den Zaun setzte.

Sie aber glaubte sich schon sicher auf dem Weg und sagte: »Großer, stinkiger Hund mit kleinen Zähnen«. Kaum hatte sie dies gesagt, da machte er kehrt; anstatt über den Zaun zu springen, trug er sie im Galopp in sein eigenes Haus zurück.

Wieder verging eine Woche, und wieder weinte sie so bitterlich, dass der Hund ihr von neuem versprach, sie in ihres Vaters Haus zu bringen. Also stieg das Mädchen wieder auf den Rücken des Hundes, und als sie an den ersten Zaun kamen, hielt der Hund an und sagte: »Und wie nennst du mich?«

»Süße Honigwabe,« antwortete sie.

Da sprang der Hund über den Zaun und legte zwanzig Meilen zurück, bis er an einen anderen Zaun kam. »Und wie nennst du mich?« fragte der Hund und wedelte mit dem Schwanz.

Sie aber war in Gedanken mehr bei ihrem Vater und ihrem eigenen Haus als bei dem Hund.

So antwortete sie: »Großer, stinkiger Hund mit kleinen Zähnen.«

Da wurde der Hund zornig, machte sofort kehrt, und im Galopp ging es zurück in sein Haus.

Als sie wieder eine Woche lang geweint hatte, versprach ihr der Hund nochmals, sie in das Haus ihres Vaters zurückzutragen. Also stieg sie wieder auf seinen Rücken, und als sie an den ersten Zaun kamen, sagte der Hund: »Und wie nennst du mich?«

»Süße Honigwabe,« sagte das Mädchen. Da sprang der Hund über den Zaun und fort ging es. Jetzt war sie entschlossen, nur noch die liebevollsten Worte zu sagen, die ihr einfielen, und so erreichten sie des Vaters Haus. Als sie ans Tor des Hauses kamen, sagte der Hund: »Und wie nennst du mich?«

Ausgerechnet in diesem Augenblick vergaß sie die liebevollen Worte, die sie sagen wollte und begann: »Großer ...« Der Hund machte sofort eine Drehung, sie aber klammerte sich an die Türklinke und wollte gerade sagen: »... stinkiger ...« Da sah sie, wie tieftraurig der Hund aussah, und sie musste an all die Güte und Geduld denken, die er ihr gezeigt hatte, und sagte: »Süßeste Honigwabe.«

Als sie dies gesagt hatte, dachte sie, der Hund würde zufrieden sein und davonlaufen; er aber stellte sich plötzlich auf die Hinterbeine, nahm mit den Vorderpfoten seinen Hundekopf ab und schleuderte ihn hoch in die Luft. Sein haariges Fell fiel von ihm ab, und vor ihr stand der schönste Jüngling der Welt, mit so herrlichen kleinen Zähnen, wie man sie noch nie gesehen hat.

Da heirateten die beiden und lebten lange glücklich miteinander.

Bei diesem Märchen »macht der Ton die Musik«, im wahrsten Sinne des Wortes und in doppelter Bedeutung: Das Mädchen muss die richtigen Töne finden lernen, wenn sie den Hund anspricht. Nur so wird sie sensibel für das wahre Wesen des treuen Geschöpfes; und die Erzählerin muss für die siebenmalige Wiederholung des »Wie nennst du mich?« feine Abstufungen in Ton und Ausdruck finden, damit es glaubhaft und nicht langweilig wird. Beim stillen Lesen geht davon vieles verloren.

Eltern wissen, wie sehr ihre Kinder danach verlangen, eine Geschichte vorgelesen zu bekommen. Sie genießen offenbar nicht nur den dadurch mitgeteilten Stoff, sondern auch die Atmosphäre und die Zuwendung, die ihnen dabei zuteil wird. Ja, und am liebsten haben sie es, wenn Vater oder Mutter oder die Erzieherin ihnen eine Geschichte oder ein Märchen erzählen. Der Blickkontakt scheint noch einmal eine besondere Verbindung zwischen Erzählendem und Zuhörendem zu schaffen, nicht nur bei Kindern.

Was ereignet sich da? Ein Mensch, der Märchen *erzählt*, schaltet das letzte Medium, das Buch als Mittler, zwischen sich und dem Hörer aus. Ein Text zieht etwas von der Aufmerksamkeit des Sprechers auf sich, auf die äußere Erscheinung. Das Vorgelesene wird weniger frei sein, weniger authentisch als das Erzählte. Bei geübten Vorlesern mag es nur eine Nuance sein, aber sie bleibt, schon allein weil auch das Halten des Buches ein Festhalten oder Gehaltenwerden bedeutet. Sind das Spitzfindigkeiten? Wer als Märchenerzählerin einmal den Unterschied erfahren hat, weiß um das unsichtbare Band, das sich zwischen Erzählerin und Zuhörern knüpft, sie zur Hörgemeinschaft macht.

Ordnung stiftender immer gleicher Wortlaut

Eltern wissen, wie genau ihre Kinder auf den getreuen Wortlaut des einmal Vorgelesenen achten. Das mit frei gewählten Worten Nacherzählte wird sofort von den Kindern kritisiert: »Gestern hast du das anders gesagt!« Psychologen haben erkannt, dass das Beharren auf dem gleichen Wortlaut keine Marotte oder Pedanterie der Kinder ist. Es hat vielmehr mit Glaubwürdigkeit und Verlässlichkeit zu tun: Wenn ein Erwachsener gestern so und heute anders von wichtigen Dingen spricht, sind Kinder verunsichert und lasten diese Verunsicherung der Person an, das heißt, sie erscheint ihnen nicht verlässlich. Welche Eltern oder Erzieher können es aber leisten, Märchen so zu verinnerlichen, dass sie sie textgetreu erzählen können? Bei kurzen Märchen wird das noch angehen, denn die Kinder verlangen, ein Märchen ja immer wieder und wieder zu hören. Aber bei längeren Märchen wird es kaum möglich sein, denn es ist eine regelrechte Schulung nötig, damit die Märchen nicht wie auswendig gelernt klingen. Es ist für Kinder allemal besser, die Märchen weitgehend wortgetreu vorgelesen zu bekommen, als sie mit Verlust der bildreichen Sprache in unserem Umgangston nach-erzählt zu bekommen. Wer sich intensiv mit der Botschaft der Märchen befasst, wird begreifen, wie weise sie gebaut sind und welch ein Mangel an Aussagekraft bei einer Veränderung entsteht. Damit wird nicht behauptet, dass Märchen sich seit ihrem Entstehen nicht verändert haben. Sie nehmen gewiss im Laufe der Zeit einen der jeweiligen Kulturentwicklung entsprechenden Sprachstil an. Aber das geschieht fast unmerklich, und wo es bewusst geschieht, sollte es sehr behutsam vollzogen werden. Auch dies mag auf den ersten Blick überzogen und gar zu ängstlich erscheinen. Wer aber die unterschiedliche Wirkung erlebt hat, die einerseits von echten Märchen in bildhafter Sprache und andererseits von frisierten Geschichtchen ausgeht, wird den Wert und die Kraft von Märchen nicht unterschätzen.

Erzählen und vorlesen

Das Interesse am Erzählen von Märchen hat in den letzten Jahren erstaunlich zugenommen. Nicht nur »Kinder brauchen Märchen« (Buch von Bruno Bettelheim, 1903-1990; Psychologe). Es scheint so zu sein, dass die Märchen auch für Erwachsene wieder eine große Bedeutung gewinnen. Zuhörer lassen sich anrühren, wenn die Erzählerin oder der Erzähler sich selbst für das Erzählte verbürgt, also glaubhaft erzählt. Wie kommt ein Mensch dazu, sich so sehr mit dem Stoff zu verbinden, dass er ihn immer wieder so wiedergeben kann, als werde er im Erzählvorgang gerade erlebt? Denn das muss geschehen: Die Märchen erzählen von Menschheitserfahrungen, die seit Urzeiten von allen Menschen gemacht werden, und jedes Mal muss es klingen, als ereigne sich dieses Besondere im Allgemeinen gerade jetzt. Nur dann wird es die Hörerinnen und Hörer im Innersten erreichen und ihnen ihre spezielle Erfahrung im Spiegel des Märchens mehr oder weniger bewusst machen. Sonst bleibt das Erzählte angenehme, aber belanglose Unterhaltung. Natürlich: *Irgendwie erzählen* kann jeder Mensch, und ohne Buch findet man guten Kontakt zu den Zuhörern. Andererseits kann es eine Hilfe sein, sich am Buch und am Text festzuhalten. *Gut vorgelesen* ist allemal besser als *schlecht erzählt*. Aber *gutes Erzählen* wird als Steigerung von *gutem Vorlesen* empfunden. Beides ist richtig und gut. Wenn Eltern ihren Kindern Märchen *vorlesen*, entsteht eine enge Gemeinschaft und Vertrautheit, die beide genießen. Wenn Erzieherinnen die Gruppe der Vorschulkinder zum Märchen *vorlesen* um sich versammeln, dann ist das großartig. Wenn Lehrer ihren Schülern Märchen *vorlesen*, kann es für die Kinder heilsam sein und kommt einem ausgeglichenen Unterrichtsklima zugute. Wenn aber jemand in der Öffentlichkeit ein Märchen (ich beziehe mich hier auf Volksmärchen) *vorliest*, bedaure ich, dass nicht *erzählt* wird, weil der Kontakt zu unbekannten Zuhörern durch das geübte *Erzählen* sehr viel intensiver werden kann.

Märchen erzählen kann man üben. Freilich wird nicht jeder Mensch Freude daran haben, und eine gewisse Begabung und viel Fleiß sind sicher auch nötig. Das überlieferte Märchen ist wie die Partitur eines Musikstückes. Durch Klang, Sprachmelodie, Tempo, Metrum, Betonung und Stimmmodulation wird die Partitur des Textes zum Leben erweckt und erfährt durch die verschiedenen Menschen eine unterschiedliche Interpretation. Die Übenden sollten sich aber immer vergegenwärtigen, dass sie es mit überlieferter Poesie zu tun haben. Bei einem Musikstück hören wir in erster Linie einen Bach, Mozart, Ligeti oder einen anderen Komponisten, erst in zweiter Linie die Darbietung eines bestimmten Dirigenten. Wie erreiche ich es, dem Märchen gerecht zu werden, ohne in Selbstdarstellung zu geraten, damit die Botschaft gehört werden kann?

Ich mache mich mit dem Inhalt eines Märchens bekannt, er prägt das Wesen des Erzählten. Aber das Wiedergeben des Inhalts macht es natürlich noch nicht lebendig. In einer chassidischen Legende nach Wladimir Lindenberg heißt es: *»Wie man Geschichten erzählen soll? – So, dass sie einem selbst helfen! Mein Großvater war lahm. Einmal bat man ihn, eine Geschichte von seinem Lehrer zu erzählen. Da erzählte er, wie der große Baalschem beim Beten zu hüpfen und zu tanzen pflegte. Mein Großvater stand und erzählte, und die Erzählung riss ihn so hin, dass er hüpfend und tanzend zeigen musste, wie der Meister es gemacht hatte. Von der Stunde an war er geheilt.«*

An dieser kleinen Geschichte wird deutlich, dass das Erzählen auf die Zuhörer und auf den Erzähler wirkt. Wenn es auch höchst unwahrscheinlich ist, dass körperliche Lahmheit durch Erzählen verschwindet, so stimmt es doch, dass es äußerst lebendig machen kann. Wenn im Folgenden von einem Weg erzählt wird, der zum stimmigen Erzählen führen kann, so bin ich mir bewusst, dass es auch andere Wege gibt. Und ich weiß gleichzeitig, dass die hier folgenden Regeln zunächst sehr abstrakt und verwirrend erscheinen mögen. Aber vielleicht machen sie auch neugierig und wecken Begeisterung. Meine Freude am Märchenerzählen hat sich als Funken an einem Buch wie an Glut entzündet und ist zu einem flackernden Feuer entfacht, das ständig neu genährt wird durch das »weite Feld«, zu dem mir die Beschäftigung mit dem Märchen geworden ist.

Das »Werkzeug« zum lebendigen Erzählen

Ich kann nur von dem Weg berichten, der es mir möglich macht, mir Märchen anzueignen. Nicht die Methode ist wichtig, mit der das Märchen verinnerlicht wird, sondern dass es nicht wie auswendig gelernt klingt. Jedes erzählte Märchen sollte die Frische eines gerade im Augenblick des Sprechens entstehenden Wesens ausstrahlen. Worte bringen etwas vorher nicht da gewesenes ins Leben, lassen es wesenhaft werden. Das bedeutet auch, verantwortlich mit Sprache umgehen zu lernen. Eine Möglichkeit, dies zu üben, ist das Aneignen der Märchen mit dem »Werkzeug« der Lemniskate. Alles, was ich darüber weiß, habe ich als Schülerin von Felicitas Betz (geb. 1926; Märchenerzählerin und Religionspädagogin) erfahren, die es wiederum von ihrer Lehrerin, der Märchenerzählerin Vilma Mönckeberg mündlich übernommen hat.

Vilma Mönckeberg (1892-1985) entwickelte eine Methode zur Aneignung von Märchen, die darauf gründet, dass Sprache ein rhythmisches Phänomen ist. Sie arbeitete mit der Lemniskarte. Was heißt »Lemniskate«? Das Wort ist griechisch und bedeutet Unendlichkeit. Es wird als Zeichen geschrieben wie eine liegende acht: ∞. Die Mathematiker gebrauchen es für sich unendlich wiederholende Rechnungsabläufe. Es nachzeichnend merken wir: Es gibt keinen Anfang und kein Ende; der Rhythmus schwingt in sich selbst vor und zurück, läuft in zwei Kreisen um zwei unsichtbare Pole herum. Man hat gerätselt, wie es zu diesem abstrakten Zeichen gekommen sein mag. Ein Pfeil könnte doch auch ein passendes Zeichen für die Unendlichkeit sein. Aber die frühen Mathematiker haben sie nicht in einem auf ein Ziel gerichtetes Zeichen gesehen, sondern in einem in sich ruhenden, sich selbst immer wiederholenden Zeichen, das zwei Zentren umspielt. Diese Zentren sind unsichtbar. Wir können sie in unserer Vorstellung benennen; dann gewinnt das mathematisch abstrakte Zeichen eine besondere Dimension.

Lebenszeichen

Die Unendlichkeit stellt ja gleichsam eine zeitlose Zeit dar. Alles, was je in Erscheinung trat, wiederholt sich rhythmisch in unendlicher Folge mit geringen Abweichungen. So ergibt sich ein Wechsel der Erscheinungen, wie die in sich schwingende Lemniskate es als Zeichen zeigt: Sie schwingt nach *links* und *rechts*; wenn wir sie aufrichten, schwingt sie nach *oben* und *unten*. Wir können ihr auch die Richtungen *vor* und *zurück* zuordnen. Das sind räumliche Erscheinungen; es gibt zeitliche Entsprechungen: *früh* und *spät*, *Tag* und *Nacht*, *Sommer* und *Winter*,

Frühling und *Herbst, Jugend* und *Alter.* Darüber hinaus zeigt sich dieser Rhythmus in der Natur als *Leben* und *Tod, Ebbe* und *Flut, Anziehung* und *Abstoßung* und so weiter in unendlicher Folge.

Polaritäten

Der Rhythmus gleicht dem Leben, das wie ein Muster aus *hellen* und *dunklen, warmen* und *kalten, guten* und *bösen* Fäden gewebt ist. Nur der Ausgleich zwischen *Wachen* und *Schlafen,* zwischen *Arbeit* und *Muße* hält uns im Gleichgewicht. Dem Gesetz des unendlichen Gleichklangs sind wir alle unterworfen. Wenn wir uns dagegen wehren, werden wir krank. Dem menschlichen Ungleichgewicht setzen zum Beispiel die Kinesiologen eine Therapieform entgegen: Sie haben die Bedeutung des Hin- und Herschwungs als Heilmittel für Störungen in der Beziehung zwischen den beiden Gehirnhälften erkannt. Wenn zum Beispiel mit Augen und Händen der lemniskatische Schwung geübt wird, findet ein Ausgleich statt, der Körper und Seele ins Gleichgewicht bringt. Die Erfahrung zeigt uns, dass kleine Kinder durch das Wiegen in einer Wiege, das Hin- und Herrollen in einem Wagen oder das im Arm gewiegt werden beruhigt werden. Größere Kinder lieben das Schwingen auf einer Schaukel. Erwachsene entspannen sich in einem Schaukelstuhl oder einer Hängematte. Die Lemniskate scheint mit dem Phänomen all dieser rhythmischen Bewegungen verwandt zu sein. Was aber hat sie mit dem Erzählen von Märchen zu tun?

Sprache als rhythmisches Phänomen

Die Märchenerzählerin Vilma Mönckeberg hat den Lemniskatenschwung beim Rezitieren von Lyrik und Prosa und beim Erzählen von Märchen entdeckt, angewandt und gelehrt. Sprache kann man wie Musik durch Rhythmus, Melos und Dynamik erleben. Bei Kindern und musisch begabten Erwachsenen findet die Lemniskate wie von selbst ihre Anwendung und muss nicht durch Bewusstwerdung und strenges Üben angeeignet werden. Wer aber in der Öffentlichkeit Märchen erzählen möchte, sollte sich einer Lehrmeisterin und einer Methode anvertrauen, die ihn dazu befähigen, sich selbst als Instrument zu begreifen. Bei der lemniskatischen Methode wird anfangs der Schwung von einem Arm oder dem Körper mitvollzogen, mit der Zeit aber so verinnerlicht, dass die Sprache in rhythmischen Fluss gerät. Wie bei einem Dirigenten die Musik einer Partitur, so wird von dem Erzähler der Text eines Märchens in Klang, Rhythmus, Melos und Dynamik verwandelt – mit dem einen Unterschied: Die Erzählerin ist Dirigentin und Instrumentalistin zugleich. Wie das geschehen kann, will ich an einigen Textstellen eines bekannten Märchens zeigen. Die Leserinnen und Leser sind gebeten, dabei das Geschriebene nicht lautlos zu lesen, sondern für sich in Sprache zu verwandeln, um das »Werkzeug« der Lemniskate selbst zu erfahren.

Wahrscheinlich kennt jeder den ersten Satz des *Froschkönig* aus der Sammlung der Brüder Grimm. *In den alten Zeiten, ...* Wir wollen uns aber einmal vorstellen, wir würden ihn nicht kennen. Beim Vorlesen und im Bestreben, es besonders gut zu machen, setzen wir Betonungen, die sich vielleicht so anhören: *In den alten Zeiten, wo das Wünschen noch geholfen hat, da lebte ein König, dessen Töchter waren alle schön, aber die jüngste war so schön, dass die Sonne selber, die doch so vieles gesehen hat, sich verwunderte, so oft sie ihr ins Gesicht schien.* Die Akzente liegen auf *alt, wo, noch, da, dessen, alle, aber, so, selber, vieles, sich, oft.* Diese Wörter erzählen uns nichts Wesentliches: Wir können uns kein Bild machen, weder von den handelnden Personen noch vom Inhalt. Es entsteht keine Stimmung; wir erfahren nichts vom Umfeld. (Man sage nicht, niemand würde es mit dieser Akzentuierung lesen oder erzählen – es geschieht. Ich habe es hier natürlich zur Demonstration auf die Spitze getrieben mit den unstimmigen Betonungen, die zu einem pathetischen Ton verführen.)

Wir können uns auf diese Weise kein Bild machen, weil die Betonungen auf bildleeren Worten keine Ein-Bildung entstehen lassen.

»Im Bilde sein«

Wenn wir dagegen die bildkräftigen Worte anschauen und ihnen die Akzente geben, dann werden die handelnden Personen und die Ausgangssituation vorgestellt, die Zuhörer sind dann genauso »im Bilde« wie der Erzähler oder die Erzählerin. Der wunderbare Erzähler Rudolf Geiger (1908-1999) hat einmal formuliert, was es bedeutet, »im Bilde« zu sein. Er wurde gefragt, ob er beim Erzählen das Geschehen des Märchens wie bewegte Bilder vor seinem inneren Auge sehe. Er hat geantwortet: »Nein, ich *sehe* die Bilder nicht, ich *bin* im Bild,« und das heißt doch nichts anderes, als dass der Erzählende König sein muss, wenn von ihm erzählt wird, oder Frosch oder Königstochter, wenn sie sprechen oder von ihnen gesprochen wird.

Durch die Hervorhebung der Bildworte erfahren wir, was die Handlung vorantreibt, wir werden neugierig auf das Folgende. Dann klingt der Satz so: *In den alten Zeiten, wo das Wünschen noch geholfen hat, da lebte ein König, dessen Töchter waren alle schön, aber die jüngste, die war so schön, dass die Sonne selber, die doch so vieles gesehen hat, sich verwunderte, so oft sie ihr ins Gesicht schien.* Jetzt wissen wir: Ein König hat schöne Töchter; eine, die jüngste, ist so schön, dass sie mit der Sonne verglichen wird; und das Geschehen spielt in einer Zeit, da das Wünschen noch geholfen hat. Das versetzt uns in eine Dimension, die nicht die Alltagswelt umschreibt. Der Satz hat nun Rhythmus gewonnen, und es ist ein Spannungsbogen aufgebaut worden. Das Bestimmen und Betonen der bildkräftigen Worte ist das Wichtigste, um die Zuhörer mit dem Erzählten zu erreichen und anzurühren. Und gleichzeitig sind Erzähler und Zuhörer in eine gemeinsame Schwingung geraten, in die Schwingung der Lemniskate.

»Einfach wie ein Kind«

Ein geübter Erzähler, der nichts von der Lemniskate wusste, aber die Arbeit damit kennen lernen wollte, beschrieb seine Erfahrung so: »Die Lemniskate führt mich zur Einfachheit. Ich höre mich nun so schlicht, aber begeistert erzählen, wie Kinder es können. Sie sind nicht suggestiv.« Kinder, die gerade etwas Neues gesehen und erlebt haben, tanzen geradezu mit der Sprache in einem rhythmischen Singsang, wenn sie ihrer Mutter davon erzählen. Stellen wir uns vor, wir sind dieses Kind, dann klingt das Altbekannte neu und frisch. *»Mama, denk dir, in* *den alten Zeiten, als das Wünschen noch geholfen hat, da lebte ein König, der hatte Töchter, die waren alle schön, aber die jüngste, die war so schön, – da hat selbst die Sonne, als sie sie angeschaut hat, sich verwundert.* Da werden nicht nur wie von selbst die Bildworte betont, sondern es wird auch eine ansteigende und wieder abfallende Melodie hörbar, mit Höhen und Tiefen, mit Tempowechsel und Pausen, mit lauteren und leiseren Passagen. Das nennen wir Aufbau, Halten und Abbauen des Spannungsbogens innerhalb einer Sprechgruppe, eines Satzes, eines Absatzes und schließlich des ganzen Märchens. Wenn wir den ersten Satz in Sprechgruppen einteilen und lemniskatisch darstellen, sieht es so aus:

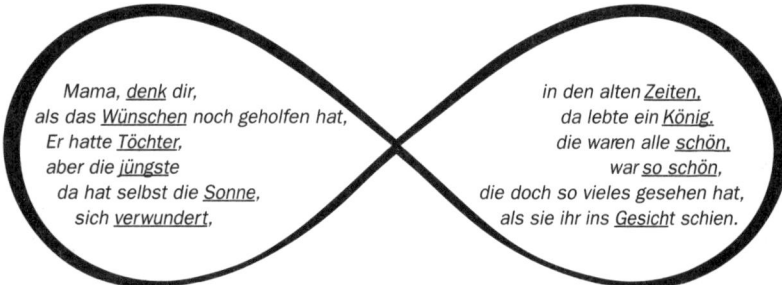

Mit Recht werden einige Leserinnen und Leser bei diesem Beispiel eingewandt haben, ein Kind bilde keine so langen Sätze. Das denke ich auch, und deshalb bin ich hier mit dem Text frei umgegangen. Die Sache dient hier der Demonstration des Weges, wie wir zum natürlichen schlichten Erzählton kommen. An der Lemniskate ist zu sehen, wie die Sprechgruppen eingeteilt sind; das heißt natürlich nicht, dass zwischen den Sprechgruppen jeweils Pausen gemacht werden: Pausen können sinnvoll sein, aber ein Komma bedeutet nicht unbedingt »Luft holen und neu ansetzen«, und ein Punkt bedeutet nicht zwangsläufig »Stimme senken.« Das Erzählen richtet sich nicht immer nach dem Schriftbild und grammatikalischen Regeln. In der einen Sprechgruppe – sie heißt *die doch so vieles gesehen hat* – habe ich keinen Akzent gesetzt. Das ist bewusst geschehen, weil es sich nach den Regeln der lemniskatischen Methode um einen Erzählereinschub handelt. Die Erzählerin oder der Erzähler kommentieren oder ergänzen gleichsam das schon

Gesagte und wenden sich damit ganz direkt an die Zuhörer. Wenn wir bei solch einem Erzählereinschub die Stimme senken und leiser werden, kann die Verbindung in der Erzählgemeinschaft besonders dicht werden. Der Erzählende sagt unausgesprochen zu den Zuhörern: »Ihr wisst es ja schon, aber ich sag's euch noch mal ...« oder »damit ihr mich recht versteht, ...« Es geschieht bisweilen, dass Zuhörende bei solch einer Ansprache vertraulich nicken oder mit den Augen zwinkern. Nach dem Gesetz des hin- und herschwingenden Rhythmus können wir das ganze Märchen durchgestalten, ohne dass es langweilig und stereotyp klingt, wie anfangs vielleicht befürchtet wurde. Davor bewahren uns Differenzierungen des Lemniskatenschwunges.

Grundrhythmus und abgewandelte Rhythmen

Der *gebundene Grundrhythmus*, wie wir ihn bis hierher angeschaut haben, umkreist in weiten, runden Schwingungen die Pole. Er wird bei den erzählenden Passagen eingesetzt und bewirkt, dass die Zuhörenden sich in den Rhythmus unbewusst mit einschwingen, sich sozusagen gewiegt fühlen.

Wenn in dem Beispiel unseres Märchens der Frosch zu sprechen beginnt, der aus einer anderen Dimension, aus einem anderen Element, aus den Tiefen des Brunnens kommt und – wie wir später erfahren, aber als Erzählerin jetzt schon wissen und beachten müssen – als Verzauberter spricht, dann muss sich dies in der Gestaltung der Sprache zeigen. Wir probieren dann den so genannten *gedehnten oder gezogenen Rhythmus*, bei dem die Lemniskate flach, fast auf eine Linie beschränkt wird, die aber den Schnittpunkt bewahrt. Der Schnittpunkt zeigt jeweils den Beginn einer neuen Sprechgruppe an. Die Betonung des bildkräftigen Wortes wird ebenfalls fast unhörbar, und das führt zum Sprechen auf einer Tonhöhe. So werden die Nixen, Hexen und Feen als Wesen einer Jenseitswelt erkennbar und erfahrbar. Wenn wir an das Einschmeicheln oder leise Drohen einer Hexe denken, an das Werben einer verführerischen Nixe, den wehenden, leisen Singsang einer Fee, dann wird der gezogene Rhythmus vorstellbar. Wir können ihn auch in unser Körpergefühl bekommen, wenn wir uns beim Sprechen dieser

Wesen vorstellen, mit der Hand durch den Widerstand von Wasser zu streichen oder ein Gummiband zu dehnen.

Dagegen verlangt die junge Königstochter, die nur an sich und ihr geliebtes Spielwerk denkt, eher einen leichten, eigenwilligen Rhythmus. Wir nennen ihn den *nach oben gebrochenen Rhythmus*. Um dem körperlich nachzuspüren, macht die Hand bei jeder Sprechgruppe eine schräg nach oben rechts und links werfende Bewegung. Die Stimme wird ebenfalls nach oben geführt; das bewirkt Leichtigkeit bis hin zu Überlegenheit, Stolz und Kessheit. Die Königstochter im *Froschkönig* denkt: *Was der einfältige Frosch schwätzt, der sitzt im Wasser bei seinesgleichen und kann keines Menschen Spielkamerad und Geselle sein.* Besonders bei der so genannten Rätselprinzessin sind nach oben geworfener Ton und Rhythmus das rechte Werkzeug, um die scheinbare Unbesiegbarkeit des Mädchens hörbar zu machen. In dem griechischen Märchen *Die Rätselprinzessin* antwortet die Königstochter auf die Mahnung ihres Großvaters, doch den schönen Jüngling zum Mann zu nehmen, denn ein schönerer sei noch nicht da gewesen: *Das kümmert mich nicht ... Ich habe niemandes Ehe gesucht. Wenn er mir die drei Rätsel nicht löst, lass ich ihn köpfen.* Sie spielt mit den Freiern und sehnt sich doch eigentlich danach, von einem ihr ebenbürtigen Partner erkannt und anerkannt zu werden. Bei ihr ist der nach oben gebrochene Rhythmus angebracht.

Zurück zum *Froschkönig* und der noch nicht aufgetretenen Person, dem König als dem Weisung gebenden Prinzip. Das »Werkzeug« der Lemniskate ordnet ihm den *nach unten gebrochenen Rhythmus* zu, beim Üben körperlich unterstützt von einer energisch schräg nach unten rechts und links geführten Handbewegung. Die Entschiedenheit kann verstärkt werden durch das Senken der Stimme nach jeder Sprechgruppe. Die Worte des Königs *was du versprochen hast, das musst du halten* werden dadurch glaubhaft und überzeugend. Im Ton – der ja bekanntlich »die Musik macht« – wird auch unsere Überzeugung mitschwingen: Halten wir den König für einen Vater, der auf strikte Einhaltung von moralischen Grundsätzen besteht? Dann werden wir seinen Worten eine gewisse Härte, vielleicht sogar Kälte unterlegen. Wenn es dem Vater gleichgültig sein sollte, wie die Tochter mit ihren Schwierigkeiten fertig wird, dann wird er die Worte lau und teilnahmslos sprechen, was sich hier aber kaum mit dem Inhalt decken ließe. Ist er für uns der um die Unausweichlichkeit menschlicher Grunderfahrungen wissende und liebende Vater, dann wird er Wärme in seiner Forderung hören lassen: Das ausgesprochene, das versprochene Wort ist eine Realität in der Welt geworden, der es sich zu stellen gilt. – All dies kann versuchsweise durchgespielt werden, bis wir als Übende mit einem Ton zufrieden sind. Ton kommt von tonus, das heißt Spannung; das sagt uns, dass wir in einer Spannung bleiben müssen, die den Zuhörern genug Freiraum für ihr eigenes Erleben lässt.

Stimmlage und Lautstärke

Von höheren und tieferen Stimmlagen war ansatzweise schon die Rede. Mann oder Frau, Bär oder Mücke verlangen Differenzierung in der Stimmführung. Die Worte einer Fee werden wir höher ansetzen als die eines Drachen, die des jungen Königskindes heller erscheinen lassen als die des wilden Mannes aus dem Wald. Das bringt Farbe in das Erzählte, wie die verschiedenen Instrumente die Klangfarbe in einem Musikstück bestimmen. – Mit lauterem und leisem Sprechen können wir experimentieren: Es gibt ein Rufen, ohne lautstark zu sein; es gibt ein Flüstern, ohne so leise zu werden, dass die Zuhörer in der letzten Reihe nichts hören. Gewöhnlich meinen wir, durch Lautstärke größere Intensität zu schaffen; das Gegenteil ist richtig: Durch Zurücknahme der Stimme kann die Atmosphäre besonders dicht werden. Mit diesen Mitteln wird aus einem Text eine Sprachmelodie, ein Sprachfluss, der manchmal still dahinfließt, sich manchmal behäbig ausbreitet, bisweilen in Strudeln tanzt oder kleine Sprünge macht, wie wenn Steine ihn zum munteren Spiel herausfordern.

Tempo

Das Erzählen sollte im Grunde in ruhigem, nicht schnellem Sprechen geschehen. Unterschiedliche Tempi und Pausen ergeben sich von allein durch die Anzahl von Silben innerhalb einer Sprechgruppe. Das italienische Märchen *Der Hirte und die Fee* beginnt in großer Ruhe mit dem Satz *Auf einer Insel / hütete ein Hirte / seine Schafe.* (Die Sprechgruppen sind durch den Schrägstrich bezeichnet. Die beiden ersten Sprechgruppen haben jeweils fünf, die dritte hat vier Silben.) Später heißt es: *Schnell lief der Hirte in seine Hütte* (neun Silben). Durch die Zeit, die ich den Sprechgruppen des ersten Satzes gebe, bestimme ich sozusagen das Taktmaß. Ich werde sicher nicht stur wie nach dem Taktschlag eines Metronoms sprechen, aber ein Grundmaß tut dem Märchen gut und macht es durch die verschiedenen Silben zur lebendigen Melodie. Wir können die neun Silben *Schnell lief der Hirte in seine Hütte* einmal bewusst langsam sprechen; dann wird der Inhalt nicht verändert, aber die Aussage wird unglaubwürdig. In diesem Fall wird allein schon durch die vielen Silben innerhalb der Sprechgruppe die Mitteilung vom schnellen Laufen unterstützt.

Es ist denkbar, dass eine Sprechgruppe aus nur einer Silbe besteht: *Ach!* Die nachfolgende Pause bis zum Beginn der nächsten Sprechgruppe vertieft die Betroffenheit, die sich in dem *ach* ausdrückt. Dass sich bei geübten Erzählern zusätzlich Pausen und Verzögerungen ereignen, abweichend vom Gleichmaß des Lemniskatenschwungs, das ist ebenso stimmig wie ein Ritardando oder eine Fermate bei der Musik.

Grundton

Eine Überlegung, die wir immer anstellen, wenn wir uns ein Märchen neu aneignen, ist die Frage nach dem Grundton. Wer hat es wohl für wen erzählt? In welchem Umfeld mag es entstanden sein? Wem, wann und wo erzählen wir es heute? Diese Fragen helfen, den treffenden Grundton zu finden. Ist das Märchen einem Schwank verwandt, wählen wir einen herzhaften, kräftigen, zupackenden, ja, vielleicht sogar derben Ton. Ist es ein zartes lyrisches Gebilde, wird er fein und leicht sein. Ein Märchen, das einer Lehrgeschichte gleichkommt, kann nachdenklich und ernst daherkommen, aber möglicherweise auch heiter und humorvoll. Ein Zaubermärchen ist zwar voller Geheimnis, aber wir hüten uns vor einem bedeutungsschwangeren Raun- und Flüsterton, so ungewöhnlich das Geschehen auch sein mag. Im Zaubermärchen gilt das Wunder als selbstverständlich. Einfaches, schlichtes, selbstverständliches Erzählen gibt dem Wunderbaren die ihm zustehende Bedeutung. Der schon zitierte Rudolf Geiger hat gefordert, ein Erzähler solle nicht *mit* Gefühl, sondern *im* Gefühl erzählen. Er meint damit (ähnlich seinem Ausspruch »im Bilde sein«): Uns darf beim Erzählen nicht das Gefühl für eine der Figuren überkommen, wie zum Beispiel Mitleid mit Schneewittchen; dann würden wir sentimental erzählen. Wir müssen uns in das Schneewittchen hineinversetzen, um ihre Not glaubhaft erzählen zu können.

Genie oder begabter, fleißiger Lehrling

Vom »Werkzeug« der Lemniskate habe ich gesprochen, das es zu handhaben gilt. Ich gebrauche »Werkzeug« als bildkräftiges Wort für das Üben des Ohres, der Zunge und des Herzens. Gibt es Genies, die sich nicht an einem »Werkzeug« erproben und messen müssen? Es mag sein – ich kenne keines. Das Üben mit der Lemniskate erscheint mir wie das Verinnerlichen einer Grammatik: Wenn wir sie kennen, müssen wir nicht mehr darüber nachdenken, sondern wenden das Geübte spielerisch an. Es führt zum (weitgehend) textgebundenen Sprechen und zum »sich verbürgenden Sprechen«: Wer erzählt, bürgt für das Erzählte; dann erscheint es auch den Zuhörern glaubhaft. Dabei tritt das Märchen in den Vordergrund, der oder die Erzählende in den Hintergrund, gleichsam wie ein Instrument, das stimmbar und stimmig wird. Es ist nicht so, dass dabei die Erzählenden ihre Identität aufgeben, wie manchmal befürchtet wird. Nein, ich ent-decke meine Identität vielmehr durch das geistig-seelische Hineinverstehen und Hineinfühlen in die verschiedenen Figuren des Märchens. Ich komme an Schichten meines Menschseins heran, an Gutes und Böses, das mir ohne diese Anstrengung verschlossen bliebe, da unser moralischer Anspruch es uns meistens verbietet, mich mit dem Schrecklichen, dem Finsteren, dem Bösen zu identifizieren. Damit sind wir wieder beim Ausgangspunkt dieser Methoden-Beschreibung angekommen, dem Umspielen der polaren Welt- und Lebensprozesse in ihrer Einheit als lemniskatisches Zeichen. Meine innere Zustimmung zum Hellen und Dunklen als einer zusammengehörenden Äußerung des Lebens wirkt sich beim Erzählen auf den fließenden Sprachrhythmus aus.

Durch das Hineinverstehen in eine Märchenfigur bin ich ein-verstanden mit dem, was ich erzähle. Dies Einverständnis kann auf die Zuhörer so wirken, dass sie den logisch vom Verstand nicht nachvollziehbaren Gegebenheiten zustimmen. Zustimmung kann es geben zu etwas, das alle Erklärungsmöglichkeiten übersteigt, aber dennoch als wahr erkannt wird.

Sprache als fortdauernde Schöpfung

Es ist mit Geschriebenem kaum zu erklären, was lebendige Sprache vermag. Wir ahnen es am ehesten, wenn wir uns unseren Schöpfungsmythos vergegenwärtigen, in dem es vom Wort heißt, dass es Schöpfung hervorrief. In anderen Kulturen ist auch vom Klang, vom Singen der Schöpfung die Rede. In einem kurzen afrikanischen Märchen wird von Schöpfung durch das gesungene Wort ganz schlicht erzählt.

Das Ei, das immer größer wurde

Ein Mann hatte elf Söhne. Der jüngste war der Sohn der zweiten Frau. Bevor der Mann starb, überließ er jedem der zehn älteren Söhne drei Rinder. Dem jüngsten Sohn übergab er ein kleines Ei und sprach zu ihm: »Bewahre es auf, draußen weit weg vom Kral, und jeden Tag sollst du ihm etwas vorsingen.« Dann starb der Mann.
Der jüngste Sohn ging nun jeden Tag zu seinem Ei und sang ihm etwas vor: »Oventane, on, on, on, Oventane!« und das Ei wuchs und wuchs. Bald war es größer als eine Hütte, aber es wuchs immer noch. Da fürchtete sich der jüngste Sohn vor dem Ei, aber er sang weiter: »Oventane, on, on, on, Oventane!« Und er kletterte auf einen Baum, wenn er sang.
Endlich, eines Tages, als er wieder sang, da platzte das Ei, und Tiere kamen daraus hervor: Rinder, Schafe und Ziegen. Da baute er sich seinen eigenen Kral und lebte glücklich darin.

Nach einem Märchen aus Südafrika

Märchen erzählen und vorlesen

Zum Verständnis dieses afrikanischen Märchens ist es gut zu wissen, dass die zweite Frau die meistgeliebte ist, um die lange gedient werden oder ein hoher Brautpreis gezahlt werden muss. Dem Kind dieser Liebesehe wird deshalb vielleicht mehr Bedeutung beigemessen als den anderen Brüdern. In der Bibel (Mose 1,29) wird von Jakob erzählt, dass er sieben Jahre um Rahel wirbt, die er liebt. Der Vater Laban gibt ihm aber zuerst seine ältere Tochter Lea zur Frau. Da wirbt Jakob noch einmal sieben Jahre um Rahel und kehrt mit seinen beiden Frauen und mit großen Viehherden zurück in seine Heimat. Wir wissen, dass Rahels Sohn Josef später auch eine besondere Rolle in Jakobs Familie spielt.

Das Ei ist uns von unserem Osterfest her bekannt als Symbol für neues Leben. Aber zunächst erscheint es uns doch gering im Vergleich zu den drei Rindern, die die zehn älteren Brüder erben. Der alte sterbende Vater sagt zum Jüngsten, er solle dem Ei jeden Tag etwas vorsingen. Er gehorcht. In der Übersetzung des afrikanischen Märchens wird nicht überliefert, was er singt. Was würden wir singen, wenn wir diesen Rat – oder ist es eine Weisung? – vom *Vater* bekämen? Ist der Vater hier nur als leiblicher Erzeuger gemeint oder vielleicht darüber hinaus als eine Weisung gebende Instanz überhaupt, letztlich sogar als der Schöpfer, der uns das neue Leben, das Ei, immer wieder anvertraut mit den Worten »singe ihm etwas vor« oder »bewahre es gut und mehre es«. Das gesprochene oder gesungene Wort ist wie ein Ausbrüten des Lebenskeimes. Also wird der Jüngste wohl nichts Belangloses gesungen haben, sondern eher beschwörende Texte und Lieder, ja vielleicht einen alten überlieferten Schöpfungsmythos. Das Sagen und Singen vom Werden der Welt gewährleistet ihren Bestand und bringt immer wieder neue Schöpfung hervor. Daran glaubten die frühen Menschen ganz fest, und auch wir scheinen daran zu glauben. Wir machen es uns selten bewusst, aber mit jedem Aussprechen und Anhören überlieferter Worte – seien es »heilige« Texte aus der Bibel oder aus anderen religiösen Schriften, seien es »profane« Texte wie die Märchen – mit jedem Aussprechen ereignet sich Schöpfung neu. Klang, ob gesprochen oder gesungen, bringt Unsichtbares ins Sichtbare. Die Dichter wissen darum – Eichendorf (Joseph Freiherr von Eichendorff; 1788-1857) hat es so verdichtet:

Schläft ein Lied in allen Dingen,

Die da träumen fort und fort,

Und die Welt hebt an zu singen,

Triffst du nur das Zauberwort.

Das *Zauberwort* allein kann nichts bewirken, wenn wir ihm nicht den rechten Klang geben. In dem Märchen vom Ei heißt es, der Sohn fürchtete sich vor ihm, als es immer größer wurde. Aber er gehorcht weiter der Weisung des *Vaters.* Furcht beinhaltet auch Ehrfurcht, und das ist wohl die rechte Haltung, in der wir der Schöpfung gegenübertreten sollen. Ehrfurcht und Verantwortung, auch gegenüber dem zu sprechenden oder dem zu singenden Wort, das in dem erzählenden oder singenden und dem zuhörenden Menschen an unbewusste Schichten rühren kann. Das ausgesprochene Wort bringt das bis dahin Unbewusste ins Bewusstsein. Worte haben schöpferische Kraft; wir können uns erzählend an der Schöpfung beteiligen, seitdem wir Menschen der Sprache mächtig sind. In dem afrikanischen Märchen entspringen dem Ei so viele Tiere, dass der jüngste Sohn sich sein Leben, seine Welt, den Kral, aufbauen kann. Auch dieses Geschehen erinnert an Jakob und den Gewinn seiner Herden.

Diese Zusammenhänge erschließen sich freilich kaum beim ersten Hören eines so kurzen Märchens, und das ist auch gar nicht wichtig. Es zeigt nur die Tiefe solcher Erzählungen, die auf den ersten Blick wenig Aufregendes mitteilen.

Schenken und beschenkt werden

Was geschieht mit der Hörgemeinschaft, mit einzelnen Zuhörern, wenn Märchen erzählt werden? Davon wissen wir wenig, die meisten Menschen haben nach dem Erzählen nicht das Bedürfnis, sich mitzuteilen. Allerdings gibt es auch nonverbale Äußerungen, die eine deutliche Sprache sprechen, und manchmal geschieht es nach Jahren, dass eine Zuhörerin oder ein Zuhörer sich brieflich oder im Gespräch erinnernd äußert. Ganz besonders kostbar sind Erlebnisse, wie dieses: Bei einem Erzählabend brach eine junge Frau in Tränen aus. Sie versuchte es nicht zu verbergen und floh auch hinterher nicht aus der Gemeinschaft, sondern sagte, sie werde sich dieses Märchen nun genau anschauen und diesem Gefühlsausbruch auf die Spur zu kommen versuchen. Nach Monaten bekam ich von ihr einen Brief, in dem sie von der Lösung eines seelischen »Knotens« erzählte, der durch das betreffende Märchen so schmerzlich berührt worden war.

Märchen können einerseits anregend und aufwühlend, andererseits beruhigend und ausgleichend wirken. Es ist vielleicht eine Dimension angerührt worden, wo Unruhiges zum Stillehalten gebracht wird oder umgekehrt. In uns findet ja ständig ein Ausgleich statt zwischen Bewegung und Ruhe. Eine ältere Zuhörerin drückte den Zustand des ruhigen Beisichseins nach einer Erzählstunde mit dem bildhaften Wort aus: »Ich habe mich in dieser Stunde bei mir selbst zu Haus gefühlt, ich habe in mir gewohnt.« Die ganz alten Menschen finden aus ihrem oft mit äußeren Anstrengungen erfüllten Alltag beim Märchenhören zu erstaunlich lebhaften Erinnerungen zurück.

Kinder verzichten nach dem Erzählen auf das übliche Fernsehprogramm: »Mama, heut brauch ich kein Fernsehen, heut bin ich vom Märchen voll!« Jugendliche legen die in diesen Jahren verständliche Widerborstigkeit ab, weil sie den Lebens-Modellen der Märchenfiguren innerlich zustimmen können und sich in ihrem Drang nach Kampf und Bewährung verstanden fühlen.

Franz Vonessen (emeritierter Professor der Philosophie) bezeichnet den Menschen als von Gott geschaffenes Geschöpf, das wiederum durch Sprache selbst zum Schöpfer befähigt ist. Die Märchen sind uns gegeben als »Kunde, Botschaft« und erreichen uns wie Träume. Wir können Träume nicht selbst bestimmen, wir können sie nur voller Staunen empfangen. Könnte man schlussfolgern, dass die alten Märchen Träume sind, die der Menschheit geschenkt sind?

Die Schöpfung ist Sprache des göttlichen Wesens, das sprach: »Es werde«. So sind auch wir ausgesprochenes Wort. Dem Menschen selbst aber ist Sprache zugesprochen worden, Sprache als göttliche Schöpfung. Wir als geschaffene Geschöpfe dürfen und sollen wiederum zu schaffenden Schöpfern werden. Wir sind es, und wir müssen uns immer neu bewusst machen, in welcher Verantwortung wir Sprache gebrauchen. In einem sibirischen Märchen heißt es, dass die Worte der falschen Braut den Menschen wie Eisensplitter unter die Haut fahren oder als Kröten aus ihrem Mund fallen. Wenn die wahre Braut spricht, rollen ihr bei jedem Wort Perlen und Blumen von den Lippen. Wir kennen in unserem Wortschatz den Ausdruck von den »goldenen Worten«, wir kennen auch die Kostbarkeit und Kraft von bestimmten Formulierungen als »Perle«. Wir sind mit Sprache beschenkte, be-gabte Geschöpfe und als solche, denen das Sprachgebilde »Märchen« aus unerkennbarer Dunkelheit zugesprochen ist, sind wir wirkkräftige Schöpfer: Wir können unsere Botschaft als »Kröten« aus unseren Mündern springen lassen oder als »Perlen und Blumen«.

Literaturverzeichnis

Bettelheim, Bruno: Kinder brauchen Märchen. München 1980.

Betz, Felicitas: Die Seele atmen lassen. Mit Kindern Religion entdecken. München 1980.

Betz, Felicitas: Märchen als Schlüssel zur Welt. Lahr 1996. Frankfurt a.M. 1988.

Geiger, Rudolf: Märchenkunde. Mensch und Schicksal im Spiegel der Grimmschen Märchen. Stuttgart 1992.

Gunkel, Hermann: Das Märchen im Alten Testament. Frankfurt a.M. 1987.

Jung, Carl Gustav: Grundwerk. Unveränderte Auszüge aus den Gesammelten Werken. Solothurn und Düsseldorf 1994.

Keller, Gabriele: Es war einmal? Bildliche Rezeption von Zaubermärchen für Jugendliche im Pubertätsalter / mit Unterrichtsmodellen. Freiburg 1996.

Leyen, Friedrich von der: Das Märchen. Leipzig 1925.

Lindenberg, Wladimir: Die Menschheit betet. München 1970.

Lüthi, Max: Das europäische Volksmärchen. Wesen und Form. Göttingen 1983.

Lüthi, Max: Es war einmal. Vom Wesen des Volksmärchens. Göttingen 1983.

Märchen-Stiftung Walter Kahn (Hg.): Medien erzählen Märchen. Umgang mit Märchen, Heft 7. Darin: Heinz-Albert Heindrichs: Das Märchen – eine Urform synästhetischen Erlebens. Bad Bayersoien 2000.

Märchen-Stiftung Walter Kahn (Hg.): Rund ums Erzählen. Umgang mit Märchen, Heft 5. Bad Bayersoien 1998.

Postman, Neil: In: Wir informieren uns zu Tode. Die Zeit. 2.10.1992.

Rosenberg, Alfons: Experiment Christentum. München 1990.

Schenda, Rudolf: Von Mund zu Ohr. Bausteine zu einer Kulturgeschichte volkstümlichen Erzählens in Europa. Göttingen 1993.

Schieder, Brigitta: Märchen. Nahrung für die Kinderseele. Gütersloh 1996.

Schliephacke, Bruno P.: Bildersprache der Seele. Kleines Lexikon zur Symbolpsychologie. Berlin 1970.

Tetzner, Lisa: Aus der Welt des Märchens. Münster 1965.

Veröffentlichungen der Europäischen Märchengesellschaft e.V.:
- Gott im Märchen. Kassel 1982.
- Vom Menschenbild im Märchen. Kassel 1980.
- Wehse, Rainer (Hg.): Märchenerzähler und Erzählgemeinschaft. Kassel 1983.
- Märchen in Erziehung und Unterricht heute. Teil I. Beiträge zur Bildung und Lehre. Gelsenkirchen 1997.
- Märchen in Erziehung und Unterricht heute. Teil II. Didaktische Perspektiven. Hohengehren 1997.

Verwendete Märchenbücher

Blaschek, Ulrike (Hg.): Zauberpferd und Nebelriese. Märchen aus Österreich. Vorarlberg 1995.

Eberhard, Wolfram und Alide: Südchinesische Märchen. Düsseldorf und Köln 1976.

Eschwege, H. und *Labas*, L. (Aus dem Russischen übersetzt): Die goldene Schale und andere Märchen der Völker der Sowjetunion Moskau 1962.

Estés, Clarissa Pinkola: Die Wolfsfrau. München 1996.

Goldberg, Gertraud (Aus dem Russischen übersetzt): Der gute Held. Märchen der Völker der Sowjetunion. Berlin 1952.

Kaiser, Michaela (Hg.): Was zwischen Sonne und Mond geschah. Märchen der North-East Woodland Indianer. Gütersloh 1988.

Kerbelyté, Bronislava (Hg.): Litauische Volksmärchen. Berlin 1978.

Kanner, Zwi (Hg.): Neue Jüdische Märchen. Frankfurt 1983.

Karlinger, Felix (Hg.): Italienische Märchen. München 1988.

Leyen, Friedrich von der (Hg.): Chinesische Märchen. Düsseldorf und Köln 1958.

Mönckeberg, Vilma (Hg.): Die Märchentruhe. München 1982.

Rinne, Olga (Hg.): Der verlorene Himmel. Ursprungsmythen. Band 2. Darmstadt 1985.

Nowak, Vera (Aus dem Russischen übersetzt): Der Schlangenknabe. Moskau 1977.

Rölleke, Heinz (Hg.): Kinder- und Hausmärchen. Ausgabe letzter Hand mit den Originalanmerkungen der Brüder Grimm. Stuttgart 1980.

Schindehütte, Albert (Hg.): Das Spinnstubenheft. Schwänke, Rätsel, Anekdoten des Dragonerwachtmeisters Joh. Fr. Krause. Marburg 1992.

Schulze, Bernhard (Hg.): Norwegische Märchen. Leipzig 1977.

Tetzner, Lisa (Hg.): Die schönsten Märchen der Welt für 365 und einen Tag. Darmstadt 1984.

Tillhagen, Karl Herrmann (Hg.): Taikon erzählt Zigeunermärchen. München 1973.

Wendt-Riedel, Konstanze (Hg.): Die Geburt der Schlange. Märchen aus Südafrika. 1989.